Andrea Clavadetscher
Anita Grüneis

Das härteste Radrennen der Welt
ist ein Kräftemessen mit den Konkurrenten,
dem Land und dem eigenen Leben.

Lust auf Leistung

IKOS

Für Gerda und Luca

Halbzeit in USA – »Hey, Clavi, freust du dich denn nicht?«
2001 Hände klopfen auf meine Schultern, jemand boxt mich liebevoll in die Brust. Ich stehe in der Mitte einer Strasse irgendwo in Colorado und starre auf die weissen Buchstaben auf dem Asphalt: *Way half R*. Die Schrift ist leicht verblasst, als stünden die Buchstaben schon jahrelang auf diesem Fleck. Wie viele Autos mögen wohl bereits darüber gefahren sein, ohne dass die Fahrzeuglenker die weisse Schrift überhaupt bemerkt haben? Ein unscheinbares Zeichen, es wird nicht einmal von Fussgängern beachtet. Und doch haben diese Buchstaben für mich Magie. Sie bedeuten Halbzeit bei diesem *Race Across America*. 2400 Kilometer bin ich bisher mit meinem Rennrad gefahren. Etwas mehr als vier Tage habe ich dafür gebraucht. Fakten, die für jeden ›Normalsportler‹ vollkommen verrückt klingen, unmöglich zu sein scheinen.

»Clavi, freu dich doch! Du hast es geschafft!« Geschafft? Was habe ich denn geschafft? Ich habe immer noch 2400 Kilometer vor mir! Vier Tage haben wir dafür eingeplant. Dann soll ich in Gulf Breeze (Florida) angekommen sein. Vier Tage! Mit meiner Müdigkeit, meinen Schmerzen, meiner Erschöpfung. Ich schaffe das nicht. Oder doch?

»Du hast die anderen abgehängt. Keiner kann dich mehr einholen.« Keiner? Wirklich keiner? Und was ist, wenn ich eine Krise habe, wenn ich nicht mehr weiterfahren kann? Meine Handgelenke schmerzen entsetzlich, mein Hintern ist wund, meine Fussballen brennen. Ich habe seit meinem Start in Portland (Oregon) nur fünf Stunden und 20 Minuten geschlafen.

»Du bist phantastisch unterwegs. Du schaffst das!« Natürlich schaffe ich das. Ich habe es schon zweimal geschafft. Habe dieses härteste Radrennen der Welt zu Ende gefahren. Ich habe es zwar nicht gewonnen, aber ich habe es durchgestanden. Das erste Mal bin ich als Sechster, das zweite Mal als

Vierter angekommen. Darauf bin ich stolz. Ja, darauf darf ich auch stolz sein, meine ich. Auch wenn viele hinter meinem Rücken flüstern: »Das ist ein fauler Hund. Der will nicht arbeiten. Deshalb sitzt er dauernd auf dem Fahrrad.« Ist jemand faul, der 5000 Kilometer mit dem Rad nonstop durch die USA fährt? Vielleicht sucht er nach neuen Erkenntnissen, vielleicht spürt er in sich Fähigkeiten, die andere nicht haben. Seit meiner Jugend bin ich in den Augen vieler ein Aussenseiter, einer, der in kein Schema passt, der sich nicht einordnen lässt. Der – anstatt dem eigenen Haus, materieller Sicherheit oder gar Reichtum nachzujagen – seine Träume lebt. Auch mein Vater tat sich schwer, dies zu verstehen.

Aber jetzt wärst du bestimmt stolz auf mich, Vater, oder nicht? Ich habe beschlossen, dieses Rennen dir zu widmen. Das sagte ich auch beim Start dem Fernsehreporter. Ich finde es schade, dass du es nicht mehr erleben kannst. Oder begleitest du mich? Manchmal habe ich das Gefühl, als würdest du mich aus einer anderen Sphäre unterstützen.

Fast alles war bisher ein Kampf. Als ich mich zum ersten 1998
Mal für das RAAM anmeldete, stellte sich sogar meine Frau Gerda gegen mich. »Wenn du dieses Rennen fährst, lasse ich mich scheiden«, sagte sie und meinte es auch so. Wir hatten heftige Diskussionen. Ich habe mich trotzdem angemeldet. Ich habe gespürt, dass dieses Rennen für mich ungemein wichtig werden würde. Wie sollte ich ihr mein Gefühl erklären? Sie sah nur wieder ein neues Rennen, ein noch verrückteres als alle bisherigen; sie wusste, dass ich monatelang trainieren, dass sie viel alleine sein, dass alles Geld, von dem wir sowieso nicht viel haben, in dieses Abenteuer fliessen würde. Wieder würde sie keinen Mann haben, der regelmässig Geld verdient, der sie bei der Erziehung unseres Sohnes Luca entlastet. Sie hat es nicht einfach mit mir!

Ensure: Eine hochkalorische, vitalstoffreiche Trinknahrung, mit der ich mich während des Rennens ernährte, zusammen mit Maltodextrin, einer speziellen Zuckerlösung, die frisch zubereitet wurde.

»Schau mal, was wir dir mitgebracht haben!« Ich rieche
2001 mexikanisches Essen. Tatsächlich, meine Teammitglieder haben mir einen Fajita organisiert und präsentieren ihn mir mit strahlenden Gesichtern. Es ist ein gutes Team, das ich bei mir habe. Ich habe jeden Einzelnen ausgewählt, sie zusammengebracht und gehofft, dass sie sich verstehen werden. Zwei Wochen lang müssen sie Tag und Nacht zusammen sein, ständig unterwegs, irgendwann genauso übermüdet wie ich, mit nur einem Ziel vor Augen: Mir zu dienen, mir alles zu erleichtern, mich zu unterstützen und mich aufzubauen wenn ich *down* bin, mich medizinisch zu versorgen, mich an- und auszuziehen, mich zu ertragen wenn ich gereizt bin und kaum noch aus den Augen schauen kann, meine Schmerzen mitzuertragen ohne mich zu bemitleiden. Mitleid ist das Schlimmste, das hilft niemandem. Mitgefühl tut gut, aber Mitleid ist egoistisch. Denn das Leid habe ich, der andere steckt nicht in meiner Haut.

Ich beisse in den Fajita und merke, dass ich nicht alles essen mag, nicht essen kann. Ein Stück muss genug sein. Seit Anfang des Rennens ernähre ich mich nur flüssig, damit ich dem Körper durch das Verdauen fester Nahrung nicht unnötig Energie raube, damit ich all seine Reserven nutzen kann. Auch wenn ich meine Crew nun enttäusche, ich kann das meinem Körper jetzt nicht zumuten. Ich kaue sehr langsam an dem kleinen Bissen, schiebe ihn in meinem Mund hin und her, die anderen umringen mich, beobachten mich, als würden sie zum ersten Mal einen Menschen essen sehen.

»Das schmeckt, nicht wahr? Das ist besser als *Ensure*!« Mein Schwager Alois, den alle nur Wisi nennen, schaut mich treuherzig an. Er ist so ein wunderbarer Mensch. Ein Herz, noch grösser als sein Bauch. Er macht nicht viele Worte und ist immer da, wenn ich ihn brauche. Ohne ihn würde ich all das nicht schaffen.

»Ja, das ist gut«, murmle ich zwischen den Zähnen hervor. Ich schlucke langsam Stück für Stück dieses einen Bissens. Dann gebe ich den Rest zurück. »Schmeckt es dir nicht? Soll ich etwas anderes holen?«, fragt Wisi besorgt. »Nein, ist gut. Ich kann einfach nicht. Ich nehme wieder mein *Ensure*. Sonst muss mein Darm noch Extra-Arbeit verrichten, das will ich ihm und mir nicht zumuten.« Andi lockert meine Schultern. Mit seinen geübten Physiotherapeuten-Händen spürt er die Verkrampfungen in all ihren Schlupfwinkel auf und vermag sie zu lösen. Er ist ein Meister seines Fachs. Und selbst ein hervorragender Radfahrer. Christian, ›Dökterle‹, wie ich ihn nenne, schaut mich an und fragt: »Fühlst du dich gut? Können wir weiterfahren?«

»Bis ans Ende der Welt«, sage ich und steige auf mein Rad. Kaum sitze ich im Sattel, ist es, als hätte ich einen Massanzug angelegt, das Rad scheint sich an mich zu schmiegen. Und los geht es. Doch was ist das? Hält mich jemand zurück oder streift das Hinterrad an der Bremse? Nein, es sind die normalen Schmerzen, die sich wieder einstellen. Mit jedem Tag, den ich länger auf dem Rad sitze, werden sie schlimmer. Und nach jeder Pause sind sie stärker zu spüren als je zuvor. Pausen sind für die Erholung wichtig, für die Schmerzen sind sie Nahrung. Ich fürchte mich vor diesen verlockenden Auszeiten, denn das Losfahren ist jedesmal eine Qual. »Das ist der Anfang vom Ende«, ruft Christian mir nach. Der Anfang? Den gibt es nicht. Alles ist Anfang, alles ist Ende. ›Fange nie an aufzuhören und höre nie auf anzufangen‹ sinniere ich und versuche, meinen Geist wieder mit meinem geschundenen Körper zu vereinen, um den ›runden Tritt‹ zu finden.

Kindheit in Ruggell — Angefangen hat es mit mir am 14.
1960 Dezember 1960 in Schiers im Kanton Graubünden, wo ich als viertes von sechs Kindern geboren wurde. Mein Vater war Grenzwächter, meine Mutter Hausfrau. Als ich drei Jahre alt war, zogen wir von der Schweiz ins Fürstentum Liechtenstein, nach Ruggell. Mein ältester Bruder Hannes wurde im Februar 1957 geboren, ein Jahr nach ihm kam Margrit. Der Dritte war David, ein Jahr später kam ich auf die Welt, genau am gleichen Tag wie David. Zwei Jahre danach wurde Anita geboren, sechs Jahre später bekamen wir noch unser Nesthäkchen Lea, das meine Eltern adoptierten. Mein Bruder David stand mir besonders nahe. Im Sommer baute ich mit ihm Flugzeuge, wir träumten damals beide vom Fliegen. Die Körper unserer Flugmaschinen waren aus Bananen-Schachteln, das Steuerrad bestand aus dem Deckel eines Blecheimers, die Flügel waren aus Karton. Darauf hatten wir leere Ovomaltine-Dosen geklebt, das waren die Tanks, die wir mit Wasser füllten. Löwenzahnhalme dienten als Leitungen. Wir zeichneten sogar Pläne mit verwegenen Zielen und wollten so zum Beispiel zum Nordpol fliegen. Sonntags spielten wir auf der Strasse Fussball. Ich habe immer den FC Basel vertreten und war Karli Odermatt. Bei den internationalen Mannschaften gehörte ich zu den Schweden. Ich fand ihre gelb-blauen Trikots so schön. Ausserdem waren sie eine starke Mannschaft und Aussenseiter. Für die hatte ich schon damals ein Herz.

Bis zu meinem elften Lebensjahr war ich Bettnässer. Mich hat es wenig gestört, wenn ich am Morgen aufwachte und das Bett nass war. Doch für meine Mutter war es ein Problem. Sie drohte, schimpfte, versuchte es mit Güte, weckte mich mitten in der Nacht, setzte mich auf den Topf, auf dem ich trotz des eiskalten Zimmers sofort einschlief. In ihrer Not konsultierte sie mehrere Ärzte. Einer von ihnen sagte, ich sei kerngesund, abgesehen von einer kleinen ›Blasenschwäche‹. Ein anderer versuchte meine Mutter zu beruhigen und erklärte ihr, ich hätte eben einen sehr gesunden, tiefen Schlaf. Genauso empfand ich das. Beim Schlafen konnte ich abtauchen, war wunderbar weit weg von allem. Die Sache mit dem Bettnässen änderte sich schlagartig, als ich mit der gesamten Klasse ins Schilager fuhr. Im damals neu eröffneten Jugendheim in Malbun hatten acht Schüler in einem Zimmer Platz. Vier von uns mussten separat in einem Zimmer schlafen. Wir waren alle Bettnässer! Da wurde mir plötzlich klar, dass das nichts ›Normales‹ ist und ich begann mich zu schämen. Von nun an wollte ich nicht mehr ins Bett machen, also schlief ich mit diesem festen Vorsatz ein. Dementsprechend veränderte sich mein Schlafverhalten, ich schlief nicht mehr so tief, war während des Schlafens hellhörig und wurde rasch wach. Ich habe übrigens in meiner ›trockenen‹ Zeit fast nie mehr so hervorragend geschlafen wie zuvor als Bettnässer.

Unterwegs in Oregon — Auch jetzt schlafe ich nicht so tief 2001
wie damals. Obwohl ich sehr müde bin! Doch ich halte mich strikt an den Rhythmus, den Christian und ich ausgearbeitet haben. Er sieht den Wechsel von einer zwölfstündigen Fahrzeit mit einer rund einstündigen Schlafzeit vor. Die ersten 40 Stunden und 20 Minuten bin ich durchgefahren, von kleinen Kleiderwechsel- und Pinkelpausen abgesehen. In dieser Zeit bin ich 1143 Kilometer gefahren, habe 10.420 Höhenmeter überwunden und war mit einer durchschnittlichen Geschwindigkeit von 28,35 Kilometern pro Stunde unterwegs. Damit hätte ich bereits einmal die Schweiz umrundet, von Genf das Wallis hinauf, nach Ulrichen, dann über den Nufenen ins Tessin bis Bellinzona, nach Graubünden, durchs Engadin, über Chur und

das Appenzell bis St. Gallen, weiter nach Schaffhausen, nach Basel, durch den Jura nach Neuchâtel, um wieder in Genf zu landen. Ohne zu schlafen. Und das war erst der Anfang.

Die erste Nacht war extrem kalt, die Sterne glitzerten am Himmel wie Diamanten, dazwischen geisterten Nordlichter, ein Reh lief ein Stück weit neben mir her. Ich war gut unterwegs, doch ich spürte natürlich, dass ich bereits über 500 Kilometer im Sattel sass, ohne eine einzige Minute zu schlafen. Da sah ich eine Eule auf der Strasse sitzen und einige Meter weiter eine zweite. Ich schüttelte mich und riss die Augen auf. »Habt ihr die Eule gesehen?«, fragte ich die Crew im *pace car* hinter mir.

»Eulen? Wo?«

»Auf der Strasse!«

»Das war sicher ein Stein.«

»Ein Stein hat ja wohl keine Augen!«

»Deine Augen sind müde, Clavi.«

»Aber so müde auch wieder nicht!«

Während ich noch mit meiner Crew hin und her debattierte, sah ich wieder eine Eule auf der Strasse sitzen. Doch dieses Mal sah nicht nur ich sie! »Du hast tatsächlich recht«, sagte Stephan, der Fahrer des *pace cars*, »da sitzen Eulen auf der Strasse. Ein verrücktes Land, dieses Amerika. Die setzen nachts Eulen auf die Strasse. Wahrscheinlich sollen sie die Autofahrer warnen. Oder wozu sind sie sonst gut?«

»Eulen sind Glücksbringer!«, meldete sich Axel, unser Elektroniker, verschlafen vom Rücksitz des *pace cars*. »Das ist ein gutes Zeichen, Clavi. Also überfahr sie nicht. Lass sie leben und dir Glück bringen.«

»Schön wär's«, dachte ich und trat weiter in die Pedale. Glück, das kann ich bei diesem Rennen gut brauchen. Alles läuft bisher rund, ich habe von Anfang an die Führung über-

nommen, fühle mich gut, fahre vollkommen gleichmässig in meinem Rhythmus und komme gut voran. Wird unser Konzept dieses Mal funktionieren? Wird das ›Dökterle‹ mit seiner Strategie recht behalten? Ich mag ihn schon sehr gerne, den Dr. Christian Hoppe aus Bern. Das dritte Mal begleitet er mich jetzt bei einem RAAM. Er ist für mich zu einem der wichtigsten Menschen geworden; ein Freund, wie ich mir keinen besseren wünschen könnte. Dabei sah es ganz anders aus, als wir uns kennenlernten.

Christian war mir eineinhalb Monate vor meinem ersten 1998
RAAM als Sportarzt empfohlen worden. Als wir zum ersten Mal miteinander telefonierten, schien er mir selbstbewusst und forsch. Dieser Eindruck bestätigte sich nur zum Teil bei unserem nachfolgenden Treffen im nationalen Leistungszentrum in Magglingen (Kanton Bern), dort wirkte er eher zögerlich und vorsichtig. So bestand er beispielsweise darauf, dass ich ihm eine Verzichtserklärung unterschreibe, bezüglich Forderungen meinerseits an ihn, falls während des Rennens irgendetwas passieren würde. Auch meine Frau Gerda sollte diese Erklärung unterschreiben. Ich war ziemlich aufgebracht deswegen und sagte ihm: »Für mein Tun bin ich selbst verantwortlich. Ich brauche keinen Arzt, der nach Schuldigen sucht, wenn etwas passiert. Wenn du aber darauf bestehst, dann passen wir nicht zusammen.« Ich habe nichts unterschrieben.

Damit war unsere Begegnung nicht zu Ende, denn nach dieser Klarstellung meinerseits, begannen wir gemeinsam nach Lösungen zu suchen, die für uns beide akzeptabel waren. So einigten wir uns auf klare Spielregeln, z.B. wann ein Abbruch des Rennens vorzunehmen sei. Christian erbat sich dennoch Bedenkzeit, besuchte mich aber einige Tage später in Vaduz. Die Stimmung war gerade wieder einmal auf dem Nullpunkt, weil Gerda meine Teilnahme am RAAM immer noch ablehnte. Trotz all dieser Widrigkeiten entschied sich Christian, mich während des Rennens medizinisch zu betreuen.

Er hat es wohl nicht bereut, denke ich, obwohl er es
2001 manchmal mit seinem grossen Verantwortungsgefühl mir gegenüber nicht einfach hat. Er beobachtet mich während des Rennens äusserst genau, kontrolliert meine wichtigsten physiologischen Werte, setzt mir die nötigen Infusionen und verarztet meine wunden Körperteile. Zudem führt er das Begleitteam an, das sich aus lauter Individualisten zusammensetzt, weshalb er besonderes Feingefühl und Führungsqualität braucht. Mir gab und gibt Christians Präsenz Sicherheit und Kraft. Doch nicht nur seine Anwesenheit bedeutet mir viel, jeder Einzelne meiner Crew hat eine wichtige Funktion. Sie ist meine Familie während dieser Tage, jeder Charakter hat seinen festen Platz, jeder ist Orientierungspfeiler und Halt für mich. Ich bin ein harmoniesüchtiger Familienmensch und ertrage keine Streitereien. Bei den letzten RAAM gab es einige Auseinandersetzungen, unter denen ich gelitten habe. Ich hoffe, dass diesmal alles gut geht. Kleinere Spannungen kann ich ohne weiteres in Kauf nehmen, sie sind normal, gehören zu jeder Familie. Meine Crew ist auch mein Kraftreservoir, ich spüre die Energie jedes Einzelnen, kann mich daran aufladen. Das ›Dökterle‹ und Andi habe ich wegen ihrer pragmatischen Ruhe mein ›Berner Valium‹ getauft. Mein Schwager Wisi vertritt meine leibliche Familie, Masseur Evert kennt alle Feinheiten meines Körpers. Unser Elektroniker Axel ist nicht nur technisch ein Genie, er ist auch ein brillanter Entertainer. Stephan ist ein Radfahrkollege, der alle Qualen und Freuden meines Sports aus eigener Erfahrung kennt. Robert brennt vor sportlichem Ehrgeiz. Martina und Jeanette sind selbst Sportlerinnen, die alle Höhen und Tiefen des Spitzensports kennen. Sie sind zuständig für das Wohnmobil, das zweite Begleitfahrzeug. Das

dritte Auto unseres Trosses ist der ›Medien Car‹, eine normale Limousine, mit Verena, der Videofilmerin, Roland, dem Fotografen, und Anita, der Journalistin. Sie vermarkten meine dritte RAAM-Teilnahme übers Internet mit meiner Website, Zeitungsberichten und, später, einem Videofilm. Ich denke, wir haben dieses Jahr wirklich eine absolute Topbesetzung gewählt. Das hat sich auch schon in der Vorbereitungszeit in Portland (Oregon) gezeigt.

Während ich so fahre, denke ich an den ersten Eindruck von Oregon, als ich aus dem Flugzeug den schneebedeckten Mount Hood sah, den allein stehenden Kegelberg, der magische Kräfte haben soll. Rings um ihn Wälder, hin und wieder einzelne Häuser, kaum Siedlungen. Eine riesige Fläche mit wenigen Strassen, die sich durch die Vegetation schlängeln. »Das alles willst du mit dem Rad durchqueren?« ging es mir durch den Kopf, »und dabei ist das nur ein kleiner Teil des riesigen Ganzen.« Die Strecke führt durch 11 US-Bundesstaaten, misst monströse 2980 Meilen, das sind genau 4800 Kilometer. Dazu kommen 30.360 Höhenmeter! Über Pässe mit Minusgraden und später mit tropischer Hitze im Süden. Werde ich das schaffen? Was tue ich mir an! Bei einem meiner letzten Trainings in Portland schüttelten mich dann auch plötzlich Angstschübe. Schlagartig wurden mir die Grösse und Unvorstellbarkeit meines Ziels bewusst. Die Angst drohte mich zu ersticken, ich war wie gelähmt, konnte kaum mehr treten und schaffte die wenigen Kilometer ins Hotel nur mit grösster Mühe. Fast 5000 Kilometer! Ja, bin ich denn von allen guten Geistern verlassen? Das kann kein Mensch fahren. Das ist total verrückt! Das wäre so, als wollte ich von Moskau bis Gibraltar fahren, nahezu nonstop. Unmöglich, ich muss wahnsinnig sein, dass ich mir das zutraue! Bei der Teamsitzung am Abend thematisierte ich meine Ängste. Es war das einzig Richtige für uns alle. Meine Worte waren wie ein Signal: »Schämt euch für nichts, egal was die nächsten Tage passiert, Schwächen sind völlig normal, auch ich zeige euch meine Ängste. Wir alle werden uns seelisch nackt erleben. Nichts ist schlimm – alles ist erlaubt.«

Christian fing mich auf. Er spürte meinen Zustand. Ganz ruhig ging er mit mir nochmals die Taktik durch. »Wir versuchen, rund 40 Stunden durchzufahren. Da bist du fit, da hast du am meisten Power, da liegt deine Stärke. Das weisst du aus den ersten beiden Rennen. Danach fahren wir jeweils 11 bis 12 Stunden bis zu einer grossen oder kleinen Schlafpause. Aber wir können den Plan immer deiner Verfassung anpassen. Wenn du eine Pause brauchst, dann nimmst du sie dir. Kein Problem! Wir wissen ja, wie stark du bist. Deine Konkurrenten werden Stunde um Stunde auf dich verlieren.«

»Woher willst du das wissen?«

»Ich weiss es einfach!«

Christians Worte taten mir gut, wie immer. Er kann sich so gut in mich einfühlen, trifft immer den richtigen Ton, weiss, wie er mich nehmen muss. Nur einmal wurde er sehr unsicher. Doch davon später. Wieder einmal erlebte ich, wie wichtig nicht nur der eigene Glaube, ›es zu schaffen‹ ist, sondern auch der zum Ausdruck gebrachte Glaube anderer. Das scheint mir die einzige Form von wirklicher und nachhaltiger Motivation von aussen zu sein: Sinn zu stiften durch Bestärkung, durch ehrliche Anerkennung, durch wert- und urteilsfreies Annehmen eines Menschen.

Mein erstes Radrennen — Ich fahre weiter vor mich hin, den Kopf gesenkt, nehme die Musik auf, die mir vom *pace car* in meine Kopfhörer eingespielt wird, bin tief in meiner Gedankenwelt, da reisst mich eine Frage von Evert ins Jetzt. »Hey, Clavi, du fährst fantastisch. Kannst du auch ›tschutten‹? Wenn ich dir so zuschaue mit deinen beiden Kolbenwaden ...«

Fussball spielen? Na klar! Ich war 14 Jahre alt und wie fast 1974
jeder Junge in meinem Dorf ein leidenschaftlicher Fussballfan. Ich spielte auch selbst gerne Fussball, aber mich störte es, dass in der Mannschaft nicht alle den gleichen Eifer zeigten. Wie konnte jemand im Training ›herummotzen‹, nichts tun und dann trotzdem jeden Samstag spielen wollen? Für mich gehörte das Training von Anfang an dazu. Ohne Fleiss kein Preis! Im Match hatte ich aber zwei linke Füsse. Ich bin ein ›Links-Tschutter‹ und ein ›Rechts-Schreiber‹ – ein verdrehter Hund sozusagen! Und ich war technisch nicht besonders stark, dafür aber ausdauernder als unsere Trainer. Trotzdem regte ich mich auf, wenn nicht alle kämpften und ihr Bestes für das Team gaben. Es war für mich in Ordnung, wenn wir verloren, weil wir schwächer waren als die andere Mannschaft. Aber dem Gegner kampflos das Feld zu überlassen, das hatte mich immer gewaltig geärgert. Ich wollte mehr als die anderen, spürte aber, dass ich als Teil des Ganzen nicht das Ganze bewegen konnte. Zum Glück war unser Coach Louis Oehri ein aufmerksamer Beobachter. Er sah immer wieder zu und meinte, ich solle doch besser mit Radfahren beginnen. Das lehnte ich entrüstet ab, denn ich sah meine Karriere im Fussballsport.

Im Frühjahr 1974 an einem Sonntagmorgen, ich lag im Bett und freute mich auf das Heimspiel meines Dorfvereins, des FC Ruggell, hörte ich die Stimme meiner Mutter:

»Andrea, Telefon. Komm schnell!«

»Wer ist es?«

»Norbert Ritter«

»Was will er?«

»Frag ihn doch selber!«

Ich rappelte mich auf und lief die Treppe hinunter ans Telefon. Norbert Ritter war damals in seiner Kategorie einer der besten Radfahrer in der Region. Er wollte mit meinem Bruder David sprechen, aber weil dieser nicht zuhause war, verlangte er mich. Er erklärte mir, dass David auf der alten Aschenbahn in Schaan hätte fahren sollen, er ihn aber nirgends finden könne. Und ob ich nicht an seiner Stelle fahren würde, es gebe einen Wettkampf, bei dem man einen Start bei einem professionell organisierten Etappenrennen gewinnen könne.

»Es ist ein so tolles Rennen. Du kannst dir gar nicht vorstellen ...« Er ›dröhnte‹ mich voll mit seiner Begeisterung für dieses Radrennen. Zum Schluss sagte ich: »Okay. Ich komme. Aber ich habe kein Rad.«

»Dein Bruder Hannes, der hat doch noch sein altes Rennrad. Frag' ihn, ob er es dir gibt.«

»Das tut er bestimmt nicht.«

»Frag' ihn!«

Ich erklärte Hannes, der zu dieser Zeit selbst Rennen fuhr, die Situation und er war sofort bereit, mir sein altes Fahrrad zu leihen. Das Rad war viel zu gross; für die richtige Sitzhöhe musste er den Sattel fast ganz nach unten stellen. Er begleitete mich mit dem Rad nach Schaan. Während dieser zehn Kilometer versuchte er, mir das gesamte Einmaleins des Radsports beizubringen. Ich musste mit auf meinem Rücken verschränkten Armen freihändig fahrend, meine Nasenspitze zum Lenker bringen, einbeinig treten, den ›runden Tritt‹ üben, ... ich tat, was er sagte, aber in mir sträubte sich alles. Ich wollte doch gar nicht Rad fahren! So fuhr ich mit wachsendem Widerwillen und voller Zorn auf mich selbst mit meinem Bruder durch das Schaaner Riet. Hannes ging in seiner Rolle als Radlehrmeister völlig auf und wurde zunehmend gesprächiger. Worauf hatte ich mich da eingelassen? Wieso habe ich mich zu so etwas überreden lassen? Ich wollte doch heute Nachmittag das Heimspiel anschauen – stattdessen fahre ich jetzt auf dem alten Rad meines Bruders nach Schaan. Gewinnen will ich sowieso nicht, denn dann müsste ich ja noch einmal starten. Warum tue ich das Ganze also? Ich beschloss im stillen, Letzter zu werden. Doch ich hatte nicht mit meinem Ehrgeiz gerechnet. Wir mussten ein sogenanntes Omnium fahren, das aus einem Einzelzeitfahren über eine Runde, einem Ausscheidungsfahren und einem Punktewertungsrennen bestand. Ich wurde überraschend Gesamtdritter und hatte mich damit – dummerweise – für das Etappenrennen in Rankweil qualifiziert. Meine Gefühle schwankten zwischen ›Nullbock‹ und Stolz. Nun wollte ich nur noch nach Hause. Alles nervte mich. Ich hatte das Spiel verpasst und sollte nun auch noch mit dem Radfahren anfangen. Was für ein schlechter Tag! Da ich nun als Teilnehmer beim Schüler-Etappenrennen feststand, musste ich das Training mit Roman Hermann senior absolvieren, der damals alle Talente des Landes – inklusive seine Söhne – unter seine Fittiche genommen hatte.

An einem Mittwochnachmittag beim Training hinter seinem Moped, bei dem es um ein möglichst hohes Tempo in der Ebene ging, fuhren wir auf einer kleinen Strasse durch ein Landwirtschaftsgebiet. Roman Hermann brauste auf seinem schwarzen ›Florett‹ voraus, wir dicht hinter ihm. Am liebsten fuhr ich direkt am Hinterrad seines Mopeds, da war am meisten Windschatten. Weiter hinten ›handorgelte‹ es und man spürte jede Geschwindigkeitsveränderung extrem stark. Ich lag an vierter Position, wo es schon ziemlich ›bläst‹ und es verdammt hart ist dranzubleiben, da gab er noch mehr Gas. Ich verlor den Kontakt und fuhr locker weiter, anstatt hinterher zu hecheln. Als er es bemerkte, drehte er um, schimpfte mit mir und brüllte, dass ich mich endlich mal richtig anstrengen sollte.

Ich sagte: »Leck mich am Arsch mit deinem Scheisstraining!«, kehrte um und fuhr davon. Meine Revolte hatte merkwürdigerweise kein Nachspiel, ich trainierte weiter. Dann kam das Schüler-Radetappenrennen von Rankweil. Es veränderte meine Einstellung zum Radsport von Grund auf.

Kickoff-Rennen in Rankweil — Das Etappenrennen fand an einem langen Wochenende im März statt, kurz vor Ostern. Die Teilnehmer kamen aus Süddeutschland, der Schweiz und Österreich. Ich war 14 Jahre alt und zum ersten Mal an einem internationalen Anlass dabei. Ich kam aus dem Staunen kaum heraus. Bisher kannte ich ja nur Schullager oder Ferien mit meinen Eltern. Dieses Rennen war von den Organisatoren so grandios aufgezogen, dass ich mich schon an der Tour de France wähnte. Das war für mich die grosse weite Welt. 1974

Unser Team bestand aus sechs Fahrern. Mein älterer Bruder Hannes und Otto Büchel waren als Betreuer dabei. Wir übernachteten im Hotel, ich wurde massiert, mein Rad wurde geputzt, es gab Begleitfahrzeuge, die hinter uns herfuhren, Fernseh- und Radioleute waren da, die Polizei mit Sirenen und Blaulicht hielt den Verkehr wegen uns an, für die Siegerehrungen gab es ein Podest mit einer Rückwand, auf der alle Sponsoren aufgelistet waren, bei der Ehrung gab es Blumen und Küsschen – alles wie bei den grossen professionellen Rennen. Ich war immens beeindruckt. Ja, diese Welt gefiel mir! Doch es war weit mehr als der äussere Schein, das mich faszinierte.

Am Vorabend besprachen wir im Team die Taktik. Beim Rennen am nächsten Tag bemerkte ich schnell, dass es sich für mich lohnte, wenn ich kräftig in die Pedale trat; denn zunächst entschied meine Leistung, die dann zum Schluss doch dem Team zugute kam. Während der Etappen steigerte ich mich und landete auf dem 12. Gesamtrang. Ich glühte förmlich vor Begeisterung. Ein Gefühl, das ich so stark noch nie zuvor erlebt hatte und an das ich mich heute noch erinnere.

Bei Etappenrennen wird jeder nach seinen besten Fähigkeiten für den Erfolg des Teams eingesetzt. Das verlangt viel Teamgeist, aber auch Eigenverantwortung und Leistung. Hier herrschte eine andere Mentalität als beim Fussball. Hier liess sich niemand fallen in der Hoffnung, es würde abgepfiffen – im Gegenteil!

Am Tag nach dem Rennen gab ich meinen Fussball-Spielerpass ab. Ich wollte Radfahrer werden. Ich hatte meine sportliche Berufung gefunden, denn diese Kombination von Teamarbeit und Einzelkämpfertum war genau das Richtige für mich. Mein Problem war, dass ich kein wirklich gutes Rad hatte. Otto Büchel kam mir zu Hilfe. Sein jüngerer Bruder Bruno fuhr, sehr erfolgreich, mit meinem Bruder Hannes in derselben Kategorie. Von den beiden gab es mehrere ältere Rennräder, die ungebraucht in den Garagen hingen. Aus diesen wurde für mich ein neues Rennrad gebastelt. Leider ging es bei einer Kollision mit einem Auto in die Brüche, ausgerechnet nach meinem ersten Rad-Highlight!

Ich war mit meinem Bruder Hannes unterwegs, wir wollten den Freund meiner Schwester Margrit abholen, der in Rothenturm im Kanton Schwyz gestartet war. So fuhren wir ihm 50 Kilometer entgegen und dann gemeinsam mit ihm die 50 Kilometer wieder zurück. Mein erster ›Hunderter‹! Meine erste Radsport-Schallmauer! Ich war enorm stolz. Doch kurz vor zuhause passierte das Missgeschick. Wir fuhren durch Vaduz, ich war total übermüdet und bemerkte das Auto nicht, das gerade vom Parkplatz herausfuhr. Ich knallte auf das Heck und landete mit einer Gehirnerschütterung, Prellungen und Schürfungen auf der Strasse. Mein Rad hatte einen Totalschaden.

Doch das konnte meine Freude am Radfahren nicht bremsen. Ich brauchte nun einfach wieder ein Rad. Wieder war es Otto Büchel, der mir zu Hilfe kam. Er besprach das Problem mit Baron Eduard Alexander von Falz-Fein. Dieser stellte daraufhin sein eigenes Rad mit acht Gängen, vier davon befanden sich hinten, zur Verfügung. Nach meinem Empfinden war es ein uraltes Rad, mit dem schon der Baron seine Rennen gefahren war; und er war schon weit über 50 Jahre alt! Aber besser als kein Rad war es allemal.

Mein Goldia und das RAAM – 100 Kilometer waren für mich damals eine riesige Leistung. Und jetzt reichen mir 1000 nicht mehr. 5000 müssen es sein!

Das erste offizielle RAAM wurde 1982 von vier Amerika- 1982
nern mit dem Ziel ausgetragen so schnell wie möglich mit dem Fahrrad die Vereinigten Staaten von Amerika zu durchqueren. Das Rennen führte damals vom Santa Monica Pier (Kalifornien) zum Empire State Building (New York) über 2968 Meilen. Gewonnen hat Lon Haldeman in neun Tagen und etwas über 20 Minuten. Er gewann auch ein Jahr später, als die UltraMarathon Cycling Association (UMCA) die Organisation des RAAM übernommen hatte.

Ich war damals 23 Jahre alt und natürlich an allen grossen Radrennen der Welt interessiert. Vom RAAM hörte ich zum ersten Mal, als ich mit meinen beiden Kollegen Roland Spälti und Bruno Büchel auf dem Rheindamm unterwegs war. Wir plauderten über die Radsportszene, da sagte Roland: »Habt ihr gehört? Es gibt ein neues Radrennen in den USA. 5000 Kilometer müssen dabei gefahren werden.«

»In wie vielen Tagen? Einem Monat?«, fragte ich.

»Nein, die schaffen das in neun bis zehn Tagen!«

»Unmöglich!«, schoss es aus mir heraus.

»Doch. Die Fahrer schlafen nicht.«

»Quer durch Amerika ohne zu schlafen?
Das schafft kein Mensch.«

»Vielleicht dopen sie sich?«, meinte Bruno.

»Ganz sicher sogar. Ohne Doping geht da gar nichts, da kannst du Gift darauf nehmen. Das ist ja auch hirnrissig«, sagte ich aus tiefster Überzeugung, »die müssen alle einen Sprung in der Schüssel haben, die sind verrückt, die haben nicht nur eine Ecke ab, die haben eine ganze Wand weg. Und ausserdem: Das ist doch total sinnlos. Quer durch Amerika in neun Tagen! Wozu soll das gut sein?« So dachte ich damals, wie wohl viele heute noch denken, wenn sie zum ersten Mal von diesem Rennen hören. Für mich war das RAAM kein Thema mehr, bis ich Jahre später Franz Spilauer, den ersten europäischen RAAM-Sieger, traf.

»Clavi Stop. Kurze Pause. Mach dich bereit zur Massage.«
2001 Ich steige vom Rad, wanke zum *pace car*, setze mich auf die Laderampe. Evert, mein Masseur, knetet mit seinen kundigen Fingern all meine Verspannungen weich. In der Zwischenzeit kümmert sich Wisi um mein Rad. Es ist ein gelb-weisses *Scott Team Issue*, Alurahmen, komplett mit *Shimano DureAce* ausgestattet, *Ksyrium*-Laufrädern und einem sportlichen Ledersattel – was ich später zu spüren bekam. Ein HighTech-Gerät mit Aerolenkeraufsatz. Dagegen war mein erstes eigenes Rad geradezu bescheiden. Dafür war es golden!

Ich war 15 Jahre alt und bereits ein eifriger Radrennfahrer.
1975 Es wurde Zeit für mein erstes eigenes Rad. Meine Eltern begrüssten meinen Ehrgeiz, wiesen mich aber darauf hin, dass ich mir das Geld für ein Rennrad selbst verdienen müsse. Das war bei sechs Kindern, die fast alle ein anderes Hobby hatten, durchaus einleuchtend. So arbeitete ich während der Schul-

ferien auf dem Bau. Das war hart. Oft dachte ich an meine Schulkameraden, die in den Bergen beim Schilaufen oder am Meer beim Baden waren, während ich bei tiefen Temperaturen und im Nebel mit klammen Fingern Beton-Schalungen reinigte. Als ich rund 700 Franken zusammengespart hatte – für mich ein kleines Vermögen – lud mich Paul Kind, einer unserer Betreuer, ein, mit ihm nach Arbon zu kommen. Dort sollte ich mein massgeschneidertes Fahrrad erhalten. Er holte mich mit seinem Fiat Sport Zweisitzer ab. Ich fühlte mich wie ein Superstar! Im Radgeschäft in Arbon wurden mir verschiedene Räder gezeigt, ich entschied mich für ein Goldia. Es sah wunderschön aus. Der Stahlrahmen aus Reynoldsrohren war golden lackiert. Das war damals für mich ein Spitzenrad. Es sollte extra für mich zusammengebaut und exakt auf mich angepasst werden, was einige Tage dauerte. So fuhren wir noch ein zweites Mal nach Arbon, diesmal mit einem Radständer auf dem Dach! Bei der Rückfahrt war darauf mein Goldia, und ich war sicher der glücklichste Mensch in ganz Liechtenstein.

Ich bin überzeugt, dass all das, was man sich selbst erarbeitet, einen ganz anderen Stellenwert hat als das, was einem in den Schoss fällt. Für mich müssen Leistung und Gegenleistung stimmen. Für das Schuften auf dem Bau hatte ich mich mit dem Goldia belohnt. Dieses Rad war für mich wertvoll, weil ich jede Schinderei dafür ausgehalten hatte. Ich glaube, dass die Dinge an Wert gewinnen, wenn ein Mensch für sie kämpfen, sie sich erarbeiten muss. Ich hatte später viele andere Räder, aber zu keinem hatte ich so eine enge Beziehung wie zu diesem ersten. Trotzdem habe ich es verkauft, als es Zeit für ein besseres war. Ich brauche keine Fetische oder Kultobjekte. Auch meine RAAM-Räder werden von begeisterten Hobbyradlern gefahren, einzig von meinem letzten RAAM-Rad habe ich den Rahmen behalten – als Memento Mori! Nur zwei Monate nach dem dritten RAAM nahm mir in einer Abfahrt bei Tempo 60 ein Auto die Vorfahrt. Wie durch ein Wunder blieb ich beinahe unverletzt, aber mein Velo hatte einen Totalschaden. Wenn ich den schrottreifen Rahmen in meiner Garage anschaue, dann denke ich daran, wie nahe sich Glück, Freude, Zufriedenheit, Verletzung und Tod sind.

Haare und Radfahren — Dass ich Radprofi werden würde,
1975 daran habe ich damals, zu meinen ›Goldia-Zeiten‹, noch nicht gedacht. Ich hatte während meiner Schulzeit keine beruflichen Zielsetzungen, dazu lebte ich zu sehr im Hier und Jetzt, war ganz Kind und Träumer. Und plötzlich musste ich mich für eine Lehre entscheiden. Ich war überfordert. Meine Mutter ging mit mir zum Berufsberater. Er fragte mich, was mich interessiere. Ich dachte kurz nach und sagte: »Menschen und Radfahren.«

»Und was möchtest du werden?«

»Das weiss ich nicht. Ich möchte gerne in irgendeiner Form helfen, vielleicht in einem Pflegeberuf? Physiotherapeut würde mir gefallen. Oder Masseur.« Ich wagte nicht zu sagen, dass ich am liebsten Berufsradrennfahrer werden wollte. Die meisten Berufsausbildungen, so glaubte ich, liessen sich zeitlich nicht mit meinem Radsport vereinbaren. Eines Tages rief der Berufsberater an und sagte meiner Mutter, dass im Salon Mano in Eschen eine Lehrstelle als Herrencoiffeur frei sei. Da der Besitzer ein grosses Herz für den Sport hatte, war der Entschluss schnell gefasst: Ich wurde Herrencoiffeur.

Drei Jahre lang lernte ich, Haare zu schneiden, erfuhr alles über die Geheimnisse von Kopfhaut, Haarwurzeln und der Beschaffenheit von Haaren. Die Ausbildung zum Damencoiffeur wollte ich anschliessend machen, doch einer unserer Kunden hielt mich davon ab. Er kam alle zwei Monate zum Haareschneiden, erzählte gerne und viel und war selbst ein begeisterter Radfahrer. Das Gespräch endete meist mit den Worten: »Wenn ich noch mal jung wäre, dann würde ich ...« Lange beachtete ich seine Worte gar nicht, hielt sie für Geschwätz, das sich kaum von dem der anderen Kunden unterschied.

Aber eines Tages fuhr mir sein ›Wenn ich noch einmal jung wäre‹ wie ein Blitz durch den Kopf. Ich weiss selbst nicht, warum dieser Satz für mich plötzlich so eine Bedeutung erlangte. Doch in diesem Augenblick schwor ich mir, dass ich solch einen Satz nie sagen würde. Ich wollte fortan immer das tun, was mir wichtig war, was mir Bauch oder Herz sagen würden, nicht das, was mir meine Vernunft riet oder andere Leute meinten. Egal um welchen Preis. Dieser Grundsatz führte mich dann auch zum RAAM. Doch noch war es nicht so weit, obwohl mich das Radrennfieber – all den Ermahnungen meines Vaters zum Trotz – schon gänzlich gepackt hatte. Ich wollte professioneller Radsportler werden. Klar träumte ich von der Tour de France, dem Giro d'Italia. Doch dazu fehlten mir damals die Zielstrebigkeit und die Fähigkeit, mich in einem Team einzuordnen. Ich war zu eigenbrötlerisch, wollte meinen eigenen Weg gehen, meine eigenen Erfahrungen sammeln. Für eine Radsportkarriere sind solche Eigenschaften eher hinderlich, denn die besten Chancen hat ein Radfahrer im Alter von 19 bis 23 Jahren. Ich war ein Spätzünder. Erst mit 23 Jahren ging bei mir der sprichwörtliche Knopf auf. Für eine Karriere in einem Team war es da eigentlich zu spät.

Ich durchlief die normale Radsportkarriere vom Schü- 1979
ler, Anfänger, Junior, bis ich mit 19 Jahren bei den Amateuren fuhr. Schon im ersten Jahr qualifizierte ich mich für die Elite. In den Jahren 1980 bis 1983 steigerte ich mich suksessive, hatte Topplatzierungen, fuhr regelmässig in die besten Zehn bei nationalen Spitzenrennen und mit Spitzenleuten wie Weltmeis-

ter Gilbert Glaus, Stephan Maurer, Heinz Imboden, Richard Trinkler, Radsportlern, die damals zu den besten der Welt gehörten. Mein Ziel war klar: Berufsfahrer werden, in die Profi-Kategorie kommen. Damit wären auch meine finanziellen Sorgen behoben gewesen.

Im Sommer 1983 gewann ich mein Heimrennen, die Schellenberg-Rundfahrt. Sie galt mit ihren 144 Kilometern als eines der schwersten Rennen der Schweiz und diente noch Jahre später als WM-Qualifikationsrennen der Schweizer Elitefahrer. Mit diesem Sieg war ich zur nationalen Spitze durchgebrochen und setzte nun alles auf die Karte ›Sport‹. Das war das Aus für das Haareschneiden und ein ›Ja‹ zu Training und Hausmann-Dasein! Bei der Schweizermeisterschaft im selben Jahr spurtete ich mit Richard Trinkler, Leo Schönenberger und Stephan Maurer um Platz drei. Da ich kein guter Sprinter bin, landete ich auf Platz sechs. Am Tag danach gewann ich dafür die Revanche beim Grossen Preis von Gippingen solo. Da wusste ich endgültig, dass ich das Talent und die Fähigkeiten zur Weltspitze hatte. Ich hatte die Besten mehrmals geschlagen.

1984 hatte ich einen guten Saisonstart. Nach Topresultaten erhielt ich erste Anfragen von Profiteams. Doch dann passierte etwas, was meine sportliche Karriere entscheidend beeinflusste. In einem Trainingslager in Südfrankreich zog ich mir eine Lebensmittelvergiftung zu. Ich hatte mir in einem Supermarkt ein *take away*-Essen gekauft, irgendein Fischgericht. Es schmeckte hervorragend. Doch in der Nacht wurde mir übel und ich musste mich übergeben. Innerhalb von Minuten schwoll mein rechtes Auge komplett zu, erst nach einigen Stunden konnte ich wieder normal sehen. Am darauffolgenden Tag ging ich zu einem Arzt, wir verständigten uns mehr schlecht als recht, da ich nur wenig Französisch spreche. Er gab mir ein Medikament gegen Übelkeit. Zwei Tage lang

setzte ich mit dem Training aus und reiste dann meiner Mannschaft nach Spanien hinterher. Das Auge schwoll später auch zuhause immer wieder zu – meist zwischen 21.00 und 23.00 Uhr – und sogar meine Frau Gerda war entsetzt und verängstigt über die Schnelligkeit, mit der es geschah. Ich konsultierte meinen Hausarzt, aber auch er konnte nichts feststellen.

Ich trainierte weiter, die Saison wurde ziemlich ›durchmischt‹, Topresultate wechselten mit Flops. Meine Leistungen waren nicht mehr kalkulierbar. Ich spürte, dass etwas mit mir nicht stimmte, fühlte mich aufgebläht und wanderte ein Jahr lang von einer Untersuchung zur anderen. Krankheiten sind für einen Topsportler fatal. Verletzungen hingegen heilen irgendwann. Als Topsportler ist man gewohnt, sie hinzunehmen. Schürfungen gibt es jede Menge, viele Radfahrer sind an Armen und Beinen – und oft auch im Gesicht – vernarbt.

Meine schwerste Verletzung hatte ich mir als Junior mit 1978
18 Jahren an einem dreitägigen Rennen in Niederösterreich zugezogen. Es war am letzten Tag, das Rennen ging über 100 Runden zu je 1000 Metern. Ich lag auf dem zehnten Platz, das war für mich als Junior mitten im Amateurfeld eine Sensation. Es regnete in Strömen und ich bog zur letzten Runde ein. Nun wollte ich alles geben! In einer u-förmigen Wende hatte sich viel Wasser angesammelt. Ich trat voll durch und schon rutschte ich weg, touchierte mit beiden Rädern die Bordsteinkante, flog in hohem Boden vom Rad und prallte gegen eine Hauswand. Bewusstlos lag ich da, mit Prellungen und einer Gehirnerschütterung. Zudem war ein Nasenflügel angerissen, im Mund klaffte eine grosse Wunde. Ich wurde mit dem Sanitätsauto ins Krankenhaus gebracht, wo man mir den Nasenflügel wieder annähte, mich gründlich untersuchte, dabei aber die Wunde an der Unterlippe im Mund übersah. Danach kam ich in ein Zimmer mit 16 Patienten, darunter ein Siebzig-

jähriger, der im Sterben lag. Mich erinnerte das Ganze an ein Kriegslazarett. Mein Liechtensteiner Team war inzwischen abgereist – ohne mich. Ich war nicht transportfähig und durfte erst nach zehn Tagen heimreisen. Noch heute erinnern mich die Narbe an der Nase und die wild zugewachsene Wunde in meinem Mund an jenen Tag.

Trotzdem bin ich der Meinung, dass Radsport nicht gefährlicher ist als irgendein anderer Sport. Im Gegenteil! Viele ehemalige Sportler, zum Beispiel Fussballspieler, beginnen nach ihrer Karriere mit dem Radfahren. Das können sie auch mit ihren kaputten Knien! Und Radsport kann jeder problemlos bis ins hohe Alter betreiben. Doch das alles interessierte mich damals, im Jahr 1985, herzlich wenig. Ich zweifelte an mir, konnte das merkwürdige Unwohlsein nicht zuordnen, spürte nur, dass etwas nicht stimmte. Die Saison verlief noch schlechter als die vorhergehende. Ich litt unter Schlafstörungen, konnte mich weder von den Trainings noch von den Rennen erholen. Die Resultate blieben aus, und ich fand für die folgende Saison 1986 keine Mannschaft, die mich unter Vertrag nehmen wollte. Doch ich gab nicht auf. Ich startete als Einzelfahrer mit der Radsportbekleidungsfirma *Forice* als Sponsor. Auch in dieser Saison fuhr ich mehr schlecht als recht und konnte kein einziges zählbares Resultat aufweisen, ausser an der Ostschweizerrundfahrt. Mitten in der Saison kam es zum Eklat, weil ich ausgerechnet an diesem Etappenrennen in der engeren Heimat meines Sponsors im Trikot einer anderen Mannschaft den Bergpreis gewann. Am nächsten Tag kündigte mir mein Sponsor. Trotzdem wollte ich mit dem Radfahren nicht aufhören.

Eines Tages war ich mit meinem Freund Jan Koba bei einem gemeinsamen Training im Rheintal unterwegs. Ich hatte grosse Mühe, die steile Rampe nach Pfäfers hinaufzufahren. Ich bekam kaum Luft, mein Rücken schien auseinanderzubrechen und mein Herz pochte bis in die Schläfen. Jan war, obwohl er langsam fuhr, weit voraus. Oben angekommen, setzte ich mich total erschöpft neben ihn auf eine Bank am Strassenrand. »Ich bewundere dich für deinen Kampfgeist«, sagte Jan. Ich antwortete ihm: »Ich kämpfe doch nur dafür, dass ich das, was ich gerne tue, auch weiterhin tun kann.«

»Genau das ist es, was ich so an dir bewundere, dass du ›brennst‹ für das, was du liebst.« Seine Worte taten mir gut. Die meisten hatten mich als Jammerlappen abgetan, als ›Psycho‹. Aber für mich ging es um meine Leidenschaft. Es musste einen Weg geben, dass ich wieder mit Freude Rad fahren konnte – schmerzfrei. Dieser Gedanke und meine ›Urfreude‹ am Radfahren hielten mich bei der Stange.

Gegen die Zeit — Die Uhr lief. Meine gesundheitlichen Probleme wurden so massiv, dass ich mich im Juli 1986 schweren Herzens entschloss, meine Karriere als Radrennfahrer zu beenden. Ich schraubte mein Pensum rigoros herunter, erholte mich bestens und befand mich bald in wunderbarer Verfassung. Ich schlief wieder problemlos und ausgiebig, doch gesund war ich leider nicht, wie sich im Oktober herausstellte. Ich hatte eine Einladung zu einer Rundfahrt in Südafrika erhalten. Diese Veranstaltung wurde offiziell wegen der Apartheidpolitik boykottiert. Da ich meine Karriere aber bereits beendet glaubte, sah ich in diesem Rennen eine Möglichkeit, ein wunderbares Land kennen zu lernen und mit meiner Frau Gerda anschliessend Urlaub zu machen. Die Politik war mir völlig egal. Ich bereitete mich trotzdem seriös auf das Rennen vor, mit einem ruhigen, aber auch ambitiösen Trainingsprogramm. Ich fühlte mich blendend und gewann zu aller, vor allem aber

1986

zu meiner Überraschung die erste Etappe solo. So fuhr ich die erste Woche als Leader im gelben Trikot. Das war für mich wie ein Triumphzug. Doch in der zweiten Woche brach ich völlig ein. Ich fuhr das Rennen unter Zwang meines Sponsors zu Ende und wurde Letzter. Mein Höhenflug in der ersten Woche gab mir die Gewissheit, dass ich noch zu etwas taugte und meine Karriere noch nicht zu Ende war. Diese eine Woche mit dem Leadertrikot gab mir wieder Hoffnung, Zuversicht und Sicherheit. Der darauffolgende Rückschlag bestätigte mir, dass ich kein Hypochonder war, sondern dass mit meinem Körper wirklich etwas nicht in Ordnung war.

Zurück in Liechtenstein ging ich zum Arzt. Das war im November. Ich sagte ihm: »Es ist nicht mein Kopf, es ist mein Körper, der streikt.« Er überwies mich in die Schmerzklinik Kirschgarten in Basel. Ich bekam erst für März 1987 einen Termin.

Am vereinbarten Tag machte ich mich rechtzeitig auf den Weg. Ich fuhr mit dem Velo auf dem Rheindamm von Vaduz zum Bahnhof Buchs. Es regnete. Ich hielt den Kopf gesenkt und trat ruhig in die Pedale. Es ging bergab – plötzlich gab es einen Schlag und ich landete hart auf dem Asphalt. Ich hatte die Pfosten nicht gesehen, die mitten in die Strasse montiert waren, damit Autofahrer diese Strasse nicht benutzten. Ich fluchte: »In keinem Land der Welt braucht man so etwas. Überall wird ein Fahrverbot respektiert. Nur für uns Liechtensteiner muss man Barrieren aufbauen!«

Da lag ich nun auf dem Teerboden mit einem kaputten Knie, einem defekten Fahrrad, hatte wahnsinnige Schmerzen und plagte mich mit der Vorstellung, dass ich den Zug und damit auch meinen langersehnter Termin verpasste. Ich stand auf. Soweit durfte es nicht kommen! Diesen Termin brauchte ich! Ich hatte so lange darauf gewartet! Ich durfte diesen Termin nicht versäumen! Auf gar keinen Fall! Ich humpelte los.

Der Schmerz trieb mir die Tränen in die Augen. Nach einiger Zeit kam ein Müllabfuhrwagen. Ich winkte, er hielt, der Fahrer hievte mich ins Auto, warf das Fahrrad zum Abfall und fuhr mich zum Bahnhof. Innerlich spürte ich: »Wenn ich diesen Zug erreiche, dann wird alles gut. Ich muss den Termin einhalten, es ist mein Schicksalstermin.« Die Situation war für mich wie eine Prüfung. Ich kämpfte für den Termin und hatte das Gefühl, dass sich durch diesen Kampf Türen öffneten.

Die Diagnose rehabilitierte mich. Es war kein psychologisches Problem, ich war kein Hypochonder. Die Untersuchung ergab, dass ich infolge der Lebensmittelvergiftung an einem Leberschaden litt. Dazu kamen später das Pfeiffersche Drüsenfieber, Hepatitis und vieles mehr. Ich musste mir nun jede Woche homöopathische Mittel spritzen und dazu fünf Tabletten schlucken. Nach sechs Wochen folgte eine neuerliche Untersuchung. Von da an musste ich nur noch die Hälfte der Substanzen spritzen, ich war auf dem Weg der Genesung. Später wurde ich in Basel als gesund entlassen, mit dem Hinweis, dass meine Leber immer sehr empfindlich sein würde und nie mehr so gut funktionieren würde wie früher. Ich solle mit der Ernährung aufpassen, dürfe aber zum Essen ruhig ein Glas schweren Rotwein trinken und problemlos danach einen kleinen Grappa. Wenn das keine guten Neuigkeiten waren!

Noch im selben Jahr gewann ich zum zweiten Mal die 1987
Schellenberg-Rundfahrt. Ich war wieder da! Ich konnte wieder gewinnen! Nach der Schellenberg-Rundfahrt folgten weitere Topresultate an verschiedenen Rennen. Doch das Thema Profifahrer war für mich vorerst vorbei. Ich war mit 27 Jahren zu alt, die Teamchefs interessieren sich nur für Fahrer bis 23. Trotzdem liess ich nicht locker. Ich hatte so viele gute Leistungen erbracht, dass ich mich um die Aufnahme in eine Profimannschaft bewarb. Immerhin war ich einer der bes-

ten Schweizer Amateure! Doch ich wurde bei *Cilo Aufina*, einer Profimannschaft, die ausschliesslich Schweizer Rennfahrer engagierte, abgelehnt. Sie nahmen einen Fahrer, der viel schwächer als ich war, aber jünger. Damals ist in mir ein Stück Glaube an das Leistungsprinzip verloren gegangen. Sollte wirklich die Anzahl Jahre wichtiger sein als Topresultate? Ich fuhr weiter.

1988 hatte ich beim *Grand Prix Wilhelm Tell*, als bester Schweizer an der fünften Stelle liegend, einen schweren Sturz und musste das Rennen frühzeitig beenden. Obwohl ich dadurch keine Punkterennen mehr bestreiten konnte, führte ich abwechselnd mit meinem Freund Jan Koba das schweizerische Jahresklassement der Amateure an. Meine konstanten Leistungen brachten mich zum Schluss auf den dritten Gesamtrang.

Ein Jahr darauf wurde ich, neben anderen Siegen, Schweizer Strassenmeister – und das mit 29 Jahren! Ich war eben ein Spätzünder. Mein Plan war nun, das Jahr darauf den Titel als amtierender Meister zu verteidigen und dann endgültig mit dem Rennsport aufzuhören. Doch alles kam anders.

Gerda — Nun bin ich 40 Jahre alt und zum dritten Mal
2001 beim *Race Across America* unterwegs. Ich spüre den Wind um mich, trete rund in die Pedale, neben mir schlängelt sich der Snake River durch die Western-Landschaft. Ich fühle mich unglaublich frei. »Gerda ist am Telefon. Magst du mit ihr reden?« Was für eine Frage! Natürlich mag ich mit meiner Frau reden. Sie ist meine beste Stütze. Ich weiss, wie oft sie unter dem Spott der Leute zu leiden hatte, die der Meinung waren, ich sei ein fauler Hund, der seine Frau arbeiten schickt, damit er Rad fahren kann. Das waren vielfach diejenigen, die sich ihre Frau

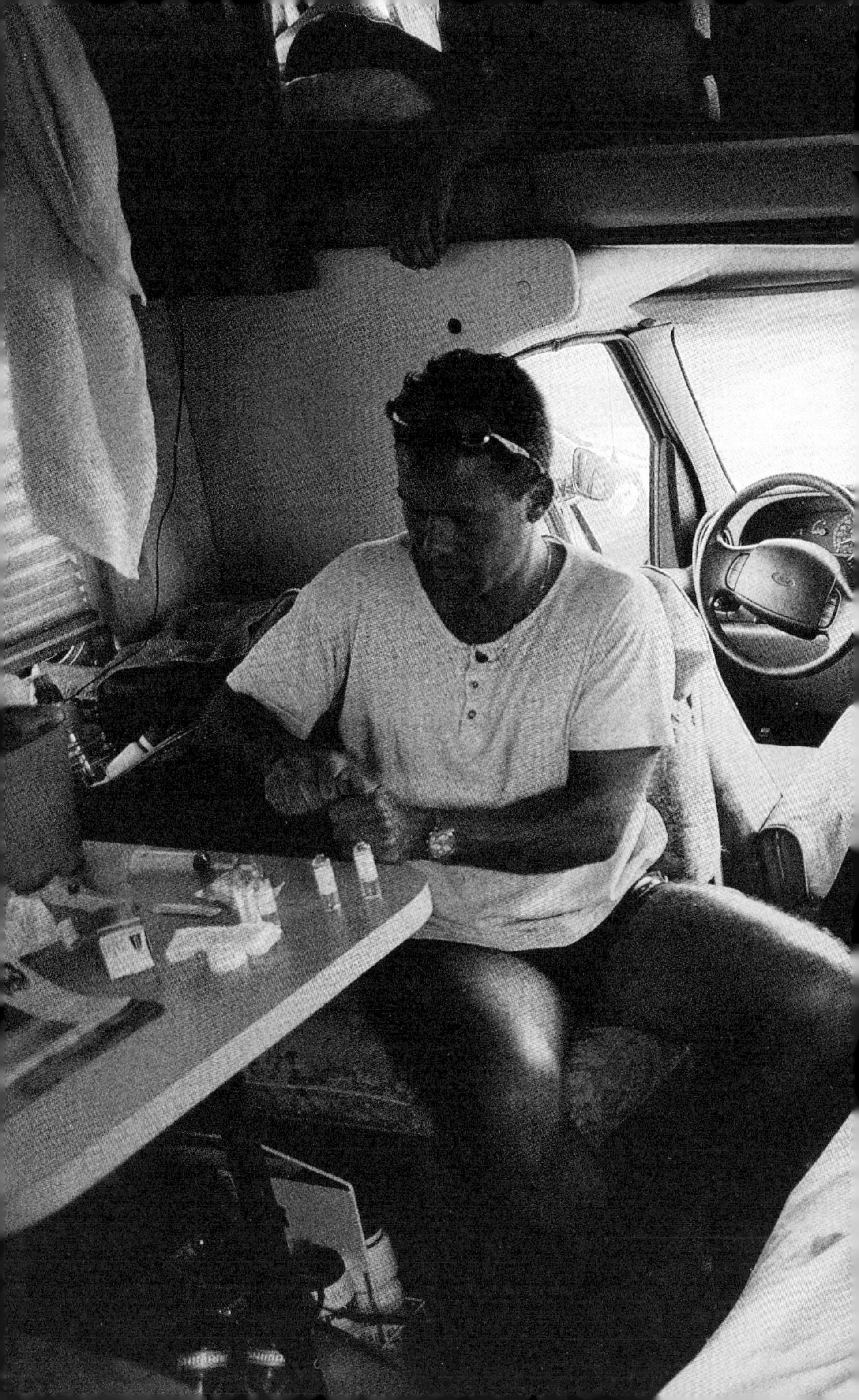

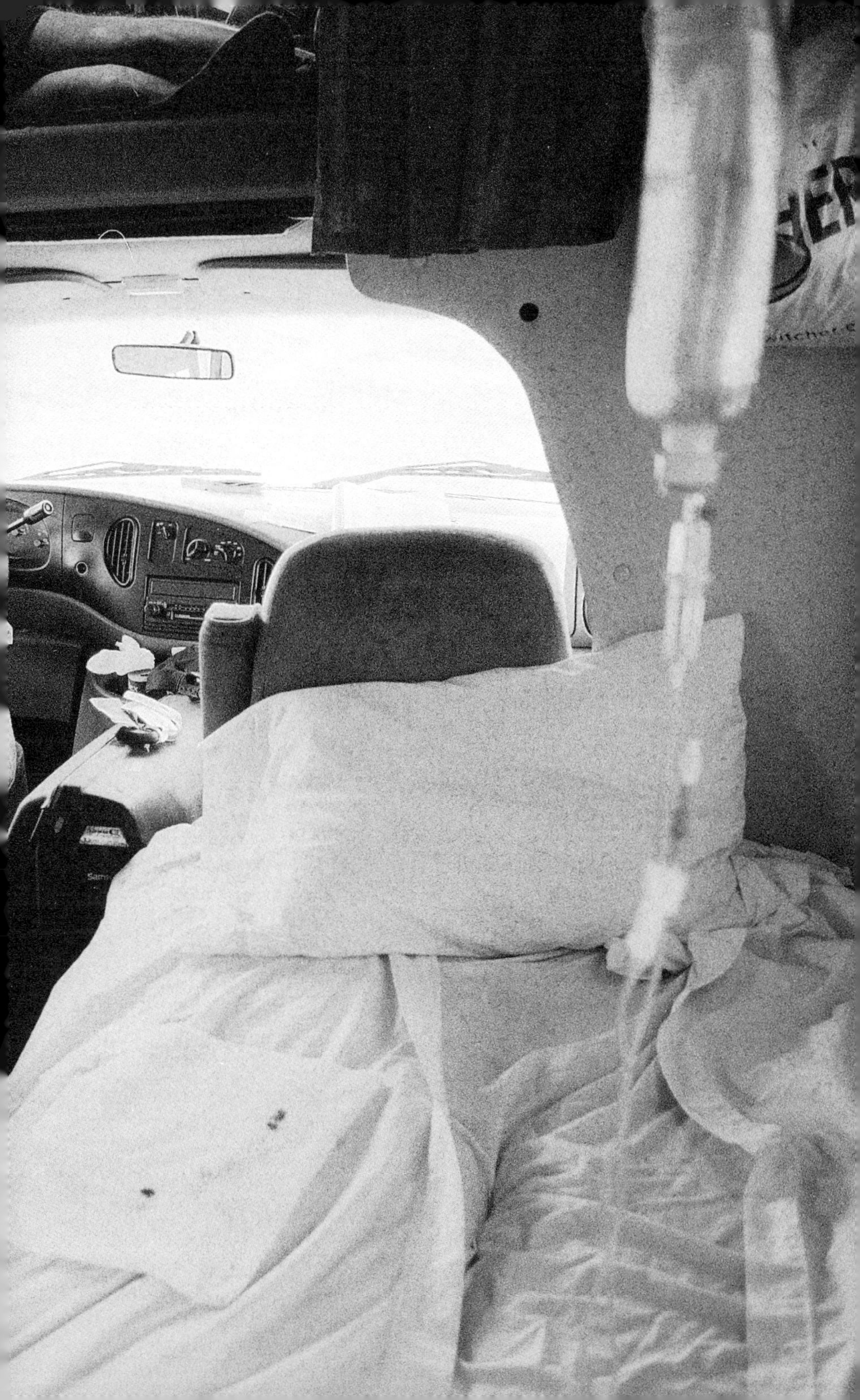

als Hausfrau ›hielten‹ mit der Einstellung: »Meine Frau muss nicht arbeiten, ich verdiene genug.« Dass eine Frau gerne arbeitet, dass sie gerne Geld verdient, dass es ihr Spass macht, ein Leben ausserhalb des Familienlebens zu haben, das können oder wollen sie sich nicht eingestehen. Es tut mir gut, Gerdas Stimme zu hören.

»Hoi, Gerda. Wie geht es euch denn?«

»Gut. Und dir? Bist gut unterwegs, wie ich gelesen habe.«

»Ja. Mit den üblichen Wehwehchen. Wie ist die Stimmung zuhause?«

»Ich soll dich ganz herzlich grüssen von meiner Mutter, von Hannes, von deiner Mutter, na ja, von der ganzen Familie eben. Wir fiebern alle mit. Und von Luca soll ich dir noch extra liebe Grüsse ausrichten. Er ist mächtig stolz auf dich. Auch wenn es ihn manchmal nervt, dass er in der Schule dauernd auf dich angesprochen wird. Du bist hier im Land Gesprächsthema Nummer eins.«

»Ach ja? Was sagen denn die Leute?«

»Sie wollen, dass du gewinnst.«

»Ich versuch's. Sag bitte allen einen lieben Gruss. Vor allem natürlich meiner Mama.«

»Andrea, du passt auf dich auf, gell?«

»Klar.«

»Ciao. Ich denk' an dich.«

»Ciao, Gerda. Danke für den Anruf. Mach's gut, und Luca einen dicken Kuss.«

Ich gebe das Telefon in den *pace car* zurück und fahre voran. Ich möchte jetzt mit mir und meinen Gedanken alleine sein. Gerdas Stimme klingt noch in meinen Ohren. Ich spüre ihre Nähe. Sie ist meine Insel in diesem Leben, mein Zufluchtsort. Sie erträgt mich mit grosser Geduld, hat all meine Eskapaden ausgestanden, hat immer zu mir gehalten, egal, was die Leute um sie herum sagten. Es war nicht immer einfach für sie. Sie musste sich einschränken, finanzielle Notsituationen durchstehen. Sie hielt uns, wenn es hart kam, mit ihrem Lohn über Wasser. Ich liebe sie. Das wird mir wieder einmal bewusst. Hätte ich ihr das doch eben gesagt. Hat sie es gespürt? Tränen steigen in mir auf und laufen mir übers Gesicht. Warum ist es manchmal so schwer, sich zu sagen, dass man sich liebt?

Ich war fast 19 Jahre alt und bereits ein erfolgreicher Rad-
1979 rennfahrer, als ich Gerda kennen lernte. Sie ist vier Jahre älter als ich und arbeitete als Verkäuferin in einem Haushaltswarengeschäft. Wir trafen uns zum ersten Mal bei der ersten Liechtensteiner Industrie- und Handelsausstellung. Ich arbeitete am Stand meines ehemaligen Lehrmeisters, Gerdas Arbeitgeber hatte genau vis-à-vis seinen Messestand. Gerda musste täglich mehrmals Wasser für die Kaffeemaschine holen. Ich, ganz Kavalier, übernahm diese Arbeit so oft es möglich war. Dabei freundeten wir uns an. Ich mochte ihre schnippische Art, ihr mädchenhaftes und liebevolles Wesen. Am letzten Tag der Ausstellung konnte ich sie nirgends sehen. Ich fragte ihre Chefin: »Wo ist denn Gerda heute?«

»Die ist im Urlaub. Sie ist gestern nach Rhodos geflogen.«

»Das darf doch wohl nicht wahr sein. Davon hat sie mir kein Wort gesagt, gestern, als sie sich verabschiedet hat.«

»Ja, so ist sie eben, die Gerda.«

»Sag' ihr einen schönen Gruss von mir, und dass ich das äusserst eigenartig finde, sich einfach so davonzuschleichen. Sie soll sich umgehend bei mir melden, wenn sie zurück ist.«

»Das mach' ich gerne!« sagte sie und grinste.

Ich wartete. Gerda meldete sich nicht. Warum rief sie nicht an? Hatte ihre Chefin meine Grüsse nicht ausgerichtet? Sollte ich ...? Nein, das liess mein Stolz nicht zu, sie hätte mir schliesslich sagen können, dass sie in den Urlaub fährt.

Ich würde nicht anrufen! Dann war es eben nur ein Flirt. Und doch: Ich konnte sie nicht vergessen. Ihre dunklen Augen, die dunklen Haare, ihre schmale Figur. Irgendetwas in mir liess nicht locker, ich wollte sie unbedingt wiedersehen. Und dann, eines Tages, rief sie wirklich an. Wir verabredeten uns, und bei unserem Treffen spürte ich, dass es mehr war als ein intensiver Flirt, dass ich mich wirklich für sie interessierte. Wir trafen uns ein weiteres Mal beim ›Fürstenfest‹, dem Nationalfeiertag von Liechtenstein. Wieder merkte ich, wie gut ich mit ihr reden konnte, wie anziehend sie auf mich wirkte, wie gerne ich mit ihr zusammen war. Da wurde mir klar: Sie ist die Frau meines Lebens. Zum Glück hat sie es ebenso empfunden, und seit diesem 15. August 1979 gehören wir zusammen. Geheiratet haben wir am 17. September 1983.

Gerda hat mich zwar nie aktiv unterstützt – Spitzensport bedeutet ihr nicht viel – sie war aber immer ohne Wenn und Aber im Hintergrund für mich da. Nun erträgt sie bereits das dritte RAAM aus der Ferne. Mitkommen wollte sie nicht, das sei ihr psychisch zu anstrengend, sagte sie, und dass sie wahrscheinlich viel zu hart mit mir wäre. Gerda ist eine energische Person. Sie weiss, was sie will. Gerade deshalb ist sie für mich eine unentbehrliche Stütze.

Gerda hat mir auch Luca, unseren Sohn, geschenkt. Ihn liebe ich genauso wie meine Frau. Die beiden sind für mich das Wichtigste auf der Welt. Ich habe immer viel Zeit mit Luca verbracht, für mich waren Wickeln und Füttern ebenso selbstverständlich wie Kochen und Saubermachen im Haushalt. Er kommt nun langsam in die Pubertät und ich hoffe, dass ich ihm auch in dieser Phase eine Stütze sein werde.

Als Luca 1990 zur Welt kam, steckte ich in der Vorbereitung zur Schweizer Strassenmeisterschaft. Es war eine schwere und lange Geburt, die Ärzte hatten Bedenken wegen der

Sauerstoffzufuhr und so wurde Luca zwei Stunden danach vorsichtshalber mit dem Helikopter nach St. Gallen überführt, wo er zehn Tage zur Beobachtung auf der Intensivstation lag. Es war eine Riesenbelastung für uns alle. Erst kurz vor dem Start der Meisterschaft stellte sich heraus, dass Luca während der Geburt keinen Schaden genommen hatte, er durfte nach Hause. Wir waren natürlich sehr erleichtert.

Ich war nicht sicher, ob ich die Kraft hätte, ein so schweres Rennen zu fahren. Doch ich hatte mir vorgenommen, mit einem Sieg in diesem Rennen meine aktive Karriere zu beenden. Schliesslich war ich jetzt Familienvater, hatte eine Anstellung als Aussendienstmitarbeiter bei der Firma Intercycle in Sursee und sollte mich nun endgültig um meine berufliche Karriere kümmern. Ich fuhr ein starkes Rennen, aber in der entscheidenden Phase verlor ich die Nerven. Wurde ich Achter oder Sechster? Ich weiss es nicht mehr. Jedenfalls war ich furchtbar deprimiert. Ich wusste, ich hatte den Sieg in den Beinen, doch der Kopf hatte ihn nicht zugelassen. Sollte ich nun noch ein Jahr an meine Sportlerkarriere anhängen? Das tat ich. Ich erklärte den Sieg an der Schweizer Meisterschaft im nächsten Jahr und den damit erfolgenden Rücktritt aus dem Elite-Rennsport als mein neues Ziel. Doch die ganze Saison lief schlecht. Ich hatte eine Stirnhöhleneiterung, ein Furunkel am Gesäss, das operiert werden musste, und war die halbe Saison in einer fürchterlichen körperlichen Verfassung. Trotzdem verlor ich mein Ziel, den Schweizer Meistertitel, nie aus den Augen. Am 4. August 1991 startete ich perfekt vorbereitet, in Topform, bei den Schweizer Meisterschaften in Colombier (Kanton Neuenburg). Die Strecke war völlig unrhythmisch, mit drei kurzen, sehr steilen Rampen und mit schmalen Strässchen und engen Kurven überhaupt nicht auf mich zugeschnitten. Ich liebe Rennen mit langen rhythmischen Steigungen. Freunde hatten

STOP

gesagt: »Bei allem Respekt, Clavi, das schaffst du nie, das ist keine Strecke für dich.« Doch genau das anscheinend Unvorstellbare motivierte mich zusätzlich. »Denen werde ich es zeigen! Ich schaffe das. Und wie!«

Ich wurde tatsächlich Schweizer Meister und habe das Rennen sogar im Spurt, meiner Paradedisziplin, gegen meinen letzten Rivalen gewonnen. Danach bin ich zwei Kilometer weitergerollt, bevor ich mich den Medien und den Siegerverpflichtungen stellte! Ich brauchte diesen Moment des Alleinseins, um innerlich mit dem lizenzierten Fahren abzuschliessen. Wieder einmal hatte ich eindrücklich erfahren, was ein grosses Ziel und der unerschütterliche Glaube daran, es zu erreichen, bewirken können.

Doch ein Herzenswunsch war noch offen: Ich wollte in meinem Leben einmal eine Lizenz als Berufsfahrer in den Händen halten. Diesen Wunsch erfüllte ich mir nun. Einen Tag nach der Schweizermeisterschaft löste ich meine Profilizenz, fuhr einige kleinere Profirennen und im Dezember, als definitiv letztes, das Sechs-Tage-Rennen in Zürich. Diese Rennen waren ein reines Vergnügen, denn ich hatte ja innerlich meine Sportlerkarriere bereits beendet. Ich kümmerte mich nun um meine andere berufliche Karriere. Neben dem Radfahren war ich ja Hausmann gewesen. Und der Beruf des Hausmanns bringt ebenso wenig Geld ein wie der Beruf der Hausfrau.

Selbstständig sein – Doch ich merkte rasch, dass das nicht meine Welt war, von Geschäft zu Geschäft zu reisen und Artikel anzubieten. Nach einem Jahr kündigte ich die Stelle als Aussendienstmitarbeiter auf. Damit war mir wieder einmal ein Versuch missglückt, eine bürgerliche Existenz aufzubauen. Ein Jahr lang war ich dann ziel- und orientierungslos. Ich ver- 1991 suchte Radsportreisen anzubieten, wollte mit Zeitungslesern Aktivwochen veranstalten. Doch das funktionierte nicht wirklich. Dann bewarb ich mich um einen Job im Fitness-Club des Grandhotels Bad Ragaz und bekam ihn. Ich wurde Fitness-Trainer im Luxusclub. Doch auch das war nicht der richtige Weg für mich. Ich besprach mein Problem mit Freunden, einer von ihnen meinte, ich sollte mich selbständig machen und schickte mich zum Unternehmensberater Herbert Steiner in Götzis.

Im Herbst 1993 traf ich mich zum ersten Mal mit Herbert. Wir wussten beide nicht so recht, was der eine vom anderen wollte. Doch schon bald wurde klar, dass das Radfahren unser gemeinsamer Nenner war. Herbert war früher ebenfalls ein ambitionierter Radrennfahrer gewesen. Er hatte seine Karriere zugunsten seiner beruflichen Laufbahn aufgegeben. Ich war für ihn eine Art *kick off* zurück in die Welt des Radsports. Wir begannen gemeinsam zu trainieren und kamen uns dabei auch menschlich näher. In langen Gesprächen entwickelten wir Ideen für ein Radsportgeschäft mit neuer Dimension. Wir wollten massgeschneiderte Lösungen anbieten, keine Massenware. Ein geniales Konzept mit einem einschneidenden Nachteil: Ich war handwerklich völlig ungeschickt. Mein Schwager Wisi sagte mir aber sofort seine Hilfe zu. Wie er mir später verriet, war ein eigenes Radsportgeschäft auch sein geheimer Traum gewesen.

Trotzdem zögerte ich, ich wusste selbst nicht warum. Sollte ich mich wirklich auf solch ein Abenteuer einlassen? Herbert machte Druck, denn er wollte das Geschäft zu Saisonbeginn im Frühjahr eröffnen. Ich hatte im Fitness-Club in Bad Ragaz zwei Monate Kündigungsfrist, das Ende des Monats Oktober rückte näher, und die Entscheidung drängte. Unter diesem Zeitdruck sagte ich dann zu, trotz meiner inneren Stimme, die mir ein Nein signalisiert hatte. Für mich war diese Entscheidung wie ein Sprung ins kalte Wasser. Ich mag kaltes Wasser nicht, und nun war ich für meine Begriffe auch noch von einem 50 Meter hohen Felsen gesprungen, wo mir doch schon bei einer Höhe von drei Metern schwindlig wird! Aber die Erkenntnis, mich für etwas zu entscheiden, dann anzufangen mit dem Gefühl, es nicht zu beherrschen, doch dann festzustellen, dass es von Tag zu Tag besser wird, war für mich letztendlich gut und wichtig. So begann ich erneut, mir eine bürgerliche Existenz aufzubauen, die meine Zukunft sein sollte.

Am 24. März 1994 war es soweit. Wir hatten eine dreitägige Eröffnungsfeier für unser Geschäft *Bike Works* in Feldkirch (Vorarlberg, Österreich) organisiert. Es wurde ein Riesenfest. Einer der geladenen Gäste war Franz Spilauer, der erste europäische Gewinner des *Race Across America*, und unser Lieferant für spezielle Fahrradteile aus den USA. Ich erlebte ihn als besonnenen und humorvollen Menschen. Unser kleines ›Bankgespräch‹ an diesem Abend werde ich nie vergessen. Wir sassen auf einer von meinem Radsportkollegen Stephan Schütz eigens für unser Geschäft gezimmerten Werkbank aus Buchenholz. Franz Spilauer hatte sein Buch über seinen RAAM-Sieg mitgebracht. Dann begann er zu erzählen. In meinem Kopf bildeten sich Landschaften, ich sah die Wüste, spürte die Hitze, roch die Erde. Ich hing an Spilauers Lippen und konnte nicht genug bekommen von seinen Schilderungen. Franz war ein ausgezeichneter Erzähler. Doch all das war kein Märchen. Das war das RAAM, das ich bisher so abgeurteilt hatte. Nun sass einer vor mir, der es erlebt hatte, der nicht von Drogen zerfressen war, kein Spinner, sondern ein seriöser netter Familienvater, der diese unglaubliche Distanz ganz einfach gemeistert hatte. Gleich nach dem Eröffnungswochenende unseres Geschäfts begann ich das Spilauer-Buch zu lesen, oder besser zu verschlingen. Danach war mir klar: Die Distanzen beim RAAM waren zwar immer noch unvorstellbar, aber ich wusste nun, das ist mein ›Achttausender‹! Diesen Berg will ich bezwingen! In der Radsportszene hatte ich den Ruf, ich könnte mehr leisten, wenn ich es seriöser anginge und mehr trainieren würde, was wahrscheinlich stimmte. So gesehen war ich nicht gerade prädestiniert für diese Marathon-Aufgabe, und es würde ein sehr weiter Weg bis zum RAAM werden. Doch der Traum war erwacht.

Der erste Tag nach der Eröffnungsfeier war ernüchternd. Da stand ich nun in unserem schönen Geschäft, alleine. Kein Mensch zeigte sich. Ich war froh, dass am Abend mein Schwager Wisi auftauchte, mit dem ich ein Bier trinken ging. Nur langsam gewöhnte ich mich ans Geschäftsleben, hatte Spass an der Entwicklung des Ladens, am Fachsimpeln mit den Kunden. Das Konzept des Geschäftes war gut! Vielleicht hätten wir nicht gleich im grossen Stil anfangen sollen, eher mit einem Garagenbetrieb. Trotzdem: Die offene Werkstatt imponierte, wir hatten immer viele Gäste im Laden, aber leider zu wenig Kunden. Zum Jahresende luden wir jeweils zu einer grossen Party ein, da kamen Hunderte zum Feiern. Wir waren wie eine grosse Familie, sogar mein Vater war stolz auf mich. Trotzdem meinte er, das Geschäft gehöre nach Liechtenstein oder in die Schweiz, in Österreich sei es für mich ungleich schwerer. Wie recht er hatte. Ich fuhr nun fast jeden Tag 15 Kilometer mit dem Rad nach Feldkirch zur Arbeit, radelte mittags wieder heim und dann wieder zurück nach Österreich. Wir veranstalteten Bikewochenenden mit unseren Kunden, dadurch bin ich insgesamt jedes Jahr 10.000 Kilometer Rad gefahren.

Mit der Zeit merkte ich aber, dass ich im falschen Boot sass. Ich bin Visionär, Berater, aber kein Verkäufer. Ich bin auch Unternehmer, aber kein Kaufmann. Ich bin ein ehrlicher

Geschäftsmann, der zum Kunden sagt: »Nimm das Rad, das zu dir passt!« Mir war es dabei nicht wichtig, wieviel das Rad kostete. Ich dachte zu wenig an den Umsatz und zu viel an die Kunden. Der Meinung war auch mein Partner, der grosse Summen in die Werbung steckte, die im Verkauf wieder herein kommen hätten sollen. Das geschah aber nicht, und so waren die Zahlen nicht so, wie sie hätten sollen sein. Das führte zu Missstimmungen. Ich reagierte mit Schlafstörungen, Schweissausbrüchen, magerte ab und wusste bald nicht mehr aus noch ein.

Herbert hatte Ausbaupläne, er wollte ein Franchisingkonzept realisieren. Ich wollte nur noch ausspannen und mit meiner Familie, nach fast vier Jahren Schuften ohne Urlaub, für sieben Tage auf die Kanarischen Inseln fliegen. Dadurch provozierte ich einen Riesenkrach mit meinem Geschäftspartner. »Ein Jungunternehmer hat die ersten fünf Jahre keinen Urlaub«, warf er mir vor. Er wollte, dass ich den Urlaub sofort storniere, sonst würde er mich gesetzlich verantwortlich machen, mit der Begründung, dass ich die Firma in dieser kritischen Phase im Stich liesse. Ich flog trotzdem nach Gran Canaria. Dort dachte ich über meine Situation nach. Ich hatte mich in diesen letzten dreieinhalb Jahren als Jungunternehmer gesehen, der etwas aufzubauen hatte. Doch nun spürte ich, dass das nicht mein Weg sein konnte. Ich begann, mich von der Geschäftsidee zu lösen, ohne allerdings ein neues Ziel zu haben. Sollte ich das Ganze wieder aufgeben? Was dann? Was sollte ich tun? Meine Radsportlerkarriere war vorbei, auch wenn ich hin und wieder einen Bike-Marathon fuhr. Ich wusste, ich war nicht der Typ für den Büroalltag. Zurück zu meinem erlernten Beruf? Haare schneiden? Auch das war in dieser Phase nicht vorstellbar. Doch wohin? Auch die paar Sonnentage auf den Kanarischen Inseln brachten keine Lösung.

Nur eines hielt mich aufrecht: der Gedanke an das RAAM. Ich entdeckte ein neues Buch in unserem Laden: ›Feuer im Kopf‹ von Wolfgang Fasching. Seine RAAM-Geschichte. Er pflegt darin das Image des harten Heldentyps, der mit dem Kopf durch die Wand bricht. Ich empfand mich ganz anders, war eher ein Genussmensch, einer, der gerne isst und trinkt, der auch als Elitefahrer nie gerne im Regen trainiert hat. Ich dachte für mich: »Es muss möglich sein, dieses Rennen auch anders zu fahren. Ich möchte dieses RAAM in der Soft-Version fahren. Und gewinnen!« Doch davon sprach ich nicht. Aber der Bogen zwischen dem Gespräch mit Franz Spilauer und dem Buch von Wolfgang Fasching war gespannt. Nun fing das RAAM an sich wie ein Virus in meinen Gedanken auszubreiten. Ich merkte, wie ich wieder für etwas zu fiebern begann. Ich wollte dieses Rennen fahren. Bald!

Zurück vom Urlaub, meldete ich mich für den Kurs ›Die Fünf Tibeter‹ an. Ich dachte, es wäre heilsam für meinen verspannten Schulterbereich. Die Übungen taten mir sehr gut. Ich praktiziere sie heute noch – täglich. Die Wirkung war gigantisch. Sie beruhigten mich, ich konnte wieder schlafen, fühlte mich erstarkt, bekam Luft. Mir wurde klar, dass ich mich von Bike Works lösen musste.

Das RAAM rückt näher — Ich wusste, dass ich das RAAM
1997 fahren würde, ich wusste es intuitiv. Aber ich hatte Angst, dass mein Potential als Athlet nicht reichen würde. Trotz der über 500.000 Kilometer, die ich bis dahin bereits auf dem Bike oder dem Rennrad zurückgelegt hatte, war mein Ruhepuls nur halb so grossartig wie der von Lance Armstrong mit seinen 30 Schlägen pro Minute. Auch meine sonstigen Werte waren eher durchschnittlich. Also Doping? Nein, bloss nicht. Von Doping

wollte ich nichts wissen. Zu meiner Lizenz-Zeit hatte ich einige Male Dopingmittel genommen, wie ein Junge, der heimlich das Rauchen probiert. Ich hatte rasch gemerkt, dass das nicht meine Sache war. Ich wollte mich nicht irgendwelchen Mitteln ausliefern, wollte fairen, sauberen Sport leisten. Auch hatte ich Angst vor den körperlichen Folgen des Dopings.

Wolfgang Fasching beschreibt in seinem Buch die brutale Härte des Rennens. Er ist ein kräftiger, 1,82 Meter grosser Athlet mit einem Ruhepuls von 32 Schlägen. Was konnte ich mit meiner Körpergrösse von 1,78 Meter und dem Ruhepuls von 55 bis 60 Schlägen ausrichten? Würden meine anderen Qualitäten ausreichen? Ich bin emotional stark, ich kann problemlos der Schwache sein, auch ein stundenlanges Heulen beschämt mich nicht. Waren denn all diese weichen Seiten von mir geeignet für so eine Tortur? Konnte ich sie sogar zu meinem Vorteil nutzen? Mir wurde klar: Meine Schwäche musste zugleich meine Stärke sein. Meine Leidenschaft für das Radfahren und meine Freude an der ausdauernden Bewegung mussten so stark sein, dass es für einen Platz unter den ersten Drei ausreichte.

Im August entdeckte ich in unserem Laden ein Verkaufsdisplay mit Nasenpflaster. Ein Verkäufer hatte es mir empfohlen, ich solle es einmal ausprobieren, es gäbe Leute, die darauf schwörten. Es war monatelang im Laden gestanden, ohne dass ich es beachtet oder meinen Kunden angeboten hatte, weil ich es für sinnlos hielt. Nun aber wollte ich es testen. Einige Tage später startete ich beim *Grand Raide Cristalp*, dem ›Urgestein‹ der Bike-Marathons. Durch mein zeitliches Engagement im Geschäft hatte ich bedeutend weniger Training aufzuweisen als bei früheren grossen Rennen. Trotzdem: Ich fuhr und fuhr, und es schien, als ob dieses winzige Pflaster mich mit zusätzlicher Luft versorgte. Ich verbesserte meine

Bestzeit um fast 20 Minuten und schaffte die 131 Kilometer in 6 Stunden und 52 Minuten. Erklären konnte ich mir das Ganze nicht, aber irgendwie dämmerte mir, dass die Atmung etwas sehr Wichtiges sein müsse.

Im Herbst 1997, kurz vor meinem Ausstieg aus dem Geschäft, gab mir der Verteter der Nasenpflaster einen weiteren wichtigen Tipp: Ich solle das Buch ›Fit mit Ayurveda‹ lesen. Es stammte von einem Trainingsguru aus den USA. Der Autor John Douillard hatte ein Trainingsprogramm entwickelt, in dem man mit weniger Anstrengung die Leistung verbessern konnte. Seinem Programm lagen die Prinzipien des Ayurveda, einem alten indischen Gesundheitssystem, zugrunde. Der Mensch wird als Gesamtheit von Körper, Seele und Geist behandelt und nicht nur als Herd von Symptomen betrachtet. Das Vorwort dieses Buches hatten Martina Navratilova und Billie Jean King geschrieben. »Also wenn es den beiden geholfen hat, dann sollte es mir doch auch helfen,« dachte ich, verschlang das Buch, und mir fiel es wie Schuppen von den Augen: Die Atmung ist das Entscheidende!

Beim Kurs ›Die Fünf Tibeter‹ hatte ich das Spülen der Nase mit Salzwasser kennen gelernt. Dazu benötigte ich eine spezielle Tasse. Anstelle eines Henkels hatte die Tasse ein Röhrchen, das wie ein kleiner steifer Penis aussah. Ich brachte ein Muster davon zur liechtensteinischen Keramik-Firma und bat sie, diese Tasse herzustellen. Als ich nach einiger Zeit nachfragte, ob sie schon fertig sei, bekam ich zur Antwort: »So perverses Zeug machen wir nicht.« Sie hatten gedacht, es sei ein Dildo oder etwas Ähnliches. Auf meine Versicherung hin, dass es ausschliesslich mit meiner Nase und meinem Sport zu tun habe, bekam ich die Tasse. Später hat die Firma die Nasendusch-Tasse übrigens in ihr Angebot aufgenommen.

Ich suchte weiter und entdeckte *RhinoCare*, eine aus Kunststoff gefertigte Nasendusche. Diese hatte den Vorteil, nicht so schwer wie die Keramiktasse zu sein, und sie war nicht zerbrechlich. Die Herstellerfirma von *RhinoCare* wurde später zu einem meiner Sponsoren. Eine weitere äusserst wichtige Entdeckung wurde für mich die Meditation. Ich lernte sie vorwiegend durch Franz Rutz kennen. Franz lehrte mich ein altes vedisches Sprichwort: »Lernen heisst sich erinnern«. Sich woran erinnern? Um dies zu verstehen, nannte er mir ein Beispiel aus der Natur: »Aus einer menschlichen Samenzelle und einer Eizelle wird in neun Monaten ein perfekter Organismus. Was hier in einer enormen Perfektion abläuft, ist für uns fast unvorstellbar, aber es ist absolut natürlich. Die gespeicherten Erbinformationen liefern den Schlüssel zu dieser Entwicklung, gekoppelt mit einem perfekten Reparatur- und Regenerationsmechanismus. Leben entsteht und wächst mit dem Rückbezug auf Erbinformationen, auf eine Ebene also, wo die gesamte Intelligenz der Natur und die Informationen für einen ganzen Organismus sowie dessen Interaktionen mit der Umwelt gespeichert sind. Die Natur lernt so gewissermassen aus ihrem eigenen Gedächtnis und der Reaktion mit der Umwelt. Dieses Prinzip ist auch der Schlüssel für unser eigenes Lernen.« Franz Rutz lehrte mich die transzendentale Meditation (TM). Das ist eine einfache und äusserst effektive Entspannungstechnik zur Bewusstseins- und Persönlichkeitsentwicklung. Sie erlaubt dem Geist, ohne Kontrolle und Konzentration den Rückbezug auf seine eigenen Quellen herzustellen. Die Quelle unserer Gedanken, Wünsche und Vorstellungen gilt als erfüllende Ebene für den Geist. Es ist ein universaler Bereich von Energie und Intelligenz. Die Wissenschaftler nennen ihn ›Einheitsfeld aller Naturgesetze‹. In den vedischen Überlieferungen wird diese Ebene als ›reines Bewusstsein‹ bezeichnet.

Ich war nun fest davon überzeugt, dass die Materie den Geist limitiert. Also musste die Materie überlistet werden. Ich wollte lernen, den Raum der Zeit zu verlassen. Und es gelang mir. Nichts war mehr beunruhigend, ich wurde gelassener und ausgeglichener, ich geriet in einen zeitlosen Zustand, in dem Körper und Geist verschmolzen. Als ich das zum ersten Mal erlebte, war ich total begeistert und wusste: Jetzt kann ich etwas Extremes vollbringen. Es war Zeit für das RAAM!

Im Herbst 1997, nach über drei Jahren Geschäftstätigkeit, standen mein Partner Herbert Steiner und ich vor dem Aus. Der Buchhalter hatte uns klar zu erkennen gegeben, dass wir das Geschäft schliessen müssten. Wir hatten prozentual zuviel Geld für Produktentwicklung und Werbung ausgegeben. Mein Partner warf mir daraufhin vor, ich habe zu wenig Fahrräder verkauft. Schon begann erneut ein Streit.

Als alles ausgestanden war und wir beim Notar unsere Trennung unterschrieben hatten, gingen wir trotz allem gemeinsam ein Bier trinken.

Gegenwind und Beppo — Nun bin ich hier zum dritten
2001 Mal beim RAAM unterwegs. Den höchsten Punkt der Strecke, den Tennessee-Pass, habe ich überwunden. Das war ein hartes Stück Arbeit! Und nun, 200 Kilometer weiter, bläst mir ein unangenehmer kräftiger Wind ins Gesicht. Die Strecke auf dem Highway mit den vielen Trucks ist gefährlich zum Fahren. Ich halte mich weit links, am Rande des Pannenstreifens, beinahe schon auf der Fahrbahn, und bitte die Crew im *pace car*, möglichst rechts hinter mir zu bleiben, damit ich vom Sog der Trucks profitieren kann, wenn sie mich überholen. Ich kalkuliere, dass ich noch bis Trinidad (Colorado) Gegenwind habe. Der Streckenabschnitt danach ist mir bekannt, er war auch Teil

meines zweiten RAAM und ist mir in bester Erinnerung. Deshalb freue ich mich auf die viele Kilometer lange Ebene, dort würde ich dann wieder richtig dahinrauschen. Vor zwei Jahren bin ich dank eines mächtigen Rückenwindes mit 35 bis 40 km/h Richtung Oklahoma gebraust. Damals lag ich noch knapp vor dem späteren Zweiten, Wolfgang Fasching. Dieses Jahr liege ich auch in Führung, die beiden Folgenden, Rob Kish und Danny Chew, sind über 8 Stunden hinter mir! Der Gedanke an das zweite RAAM und die Hoffnung auf den Rückenwind lassen mich die zermürbenden Stunden im Gegenwind einigermassen ertragen. Endlich in Trinidad angekommen, erhole ich mich in einer 20minütigen Schlafpause. Dieses Trinidad in Colorado hat übrigens herzlich wenig mit dem tropischen Paradies gemeinsam, es ist eine alte viktorianische Westernstadt. Während ich schlafe, hat meine Crew alle Hände voll zu tun. Ich habe darum gebeten, bei meinem Rennrad vorne das Vierspeichen- und hinten das Carbonscheibenrad zu montieren. Stephan hat versucht, mir diese Idee auszureden, er hat gewusst, dass mich weitere 600 Kilometer Gegenwind erwarteten. Doch mein übermüdetes Hirn war vom Gegenteil überzeugt. Ich war felsenfest überzeugt, dass mich, wie schon vor zwei Jahren, ein kräftiger Wind Richtung Oklahoma schieben würde. So bestand ich auf den beiden Spezialrädern und meine Crew erfüllte stillschweigend meinen Wunsch.

Gut erholt und wieder frisch, verlasse ich Trinidad nach meinem wohlverdienten ›Mittagsschläfchen‹. Beim Fahren erinnere ich mich an jede Welle, jede Kurve. Doch irgend etwas stimmt nicht. Wieso bläst dieser verdammte Wind immer noch von vorne? Trotz Hightech-Rädern habe ich das Gefühl, kaum vom Fleck zu kommen, ja, noch schlimmer: Der Gegenwind wirft mich fast um. Ich stampfe regelrecht in die Pedale. Werde immer verbissener. Wieso habe ich nun Gegenwind?

DANGER
Scott

Das gibt es doch gar nicht! Ich kann und will es nicht glauben. Die Crew bemüht sich, mich mit vernünftigen Argumenten von meinem Wahn wegzuholen. Stephan beschwört mich: »Nicht kämpfen gegen den Wind. Der Wind ist stärker als du, garantiert! Nicht kämpfen, ihn einfach nehmen, wie er kommt, und nicht kämpfen.« Ich höre nichts, will nichts hören. Ich bin überzeugt, dass es so sein muss, wie es schon einmal war. Ich erschöpfe mich beim Stampfen, werde zornig auf den Wind, der mir entgegenbläst, fluche, dass dieser Wind meine Gegner sicher schieben wird, wenn sie in zehn Stunden hier vorbeiradeln. Während ich vor mich hinwüte, überlegen meine Crewmitglieder verzweifelt, was sie tun könnten, um mich aus meinem Tief herauszuholen. Da kommt uns – wieder einmal – die moderne Technik zugute. Wir haben dieses Jahr die neuen Kommunikationsmethoden in unsere Medienarbeit eingebunden, eine eigene Website eingerichtet, auf der täglich Berichte zu lesen sind und über die auch E-Mails an mich gesandt werden können. ›Energie für Clavi‹ lautet das Motto dieser Aktion und der Aufruf, mich mit anfeuernden E-Mails zu unterstützen. Die Resonanz ist sensationell: Insgesamt bekommen wir über 2000 E-Mails während des Rennens! Das *pace car*-Team überlegt immer genau, welche E-Mails mir vorgelesen werden sollen, welche zu meiner Stimmung passen, welche die nötige Wirkung haben. Axel fragt, ob er mir ein E-Mail vorlesen dürfe. Ich quetsche ein undeutliches »Ja« hervor.

»Das E-Mail ist von Franz Rutz.«

»Mmh.«

»Er schreibt: Hey Clavi. Das Auge des Hurricans – great, great, great – es kommt alles von innen, wir sind alle angeschlossen an den kosmischen Computer dieses Universums. Wer es spürt, kann es nutzen, und du beweist es allen. Da fehlte anscheinend noch das Nasenöl MP16. Aber was soll's. Die

Natur heilt von innen – geniesse die Landschaft – sei glücklich. Wir sind alle glücklich mit dir – für dich! Dies trägt dich auch auf der zweiten Wegstrecke. Da kommt mir der Beppo Strassenkehrer aus dem Buch ›Momo‹ in den Sinn. Die Leute dachten, er sei nicht richtig im Kopf, aber er verstand es, grosse Weisheiten einfach auszudrücken. Da ist seine Ansicht zum Strassenkehren:«

»Clavi, soll ich wirklich die ganze Geschichte vorlesen?«

»Ja, mach' schon. Scheisswind!«

Axel liest weiter: »Manchmal hat man eine sehr lange Strasse vor sich. Man denkt, die ist so schrecklich lang; das kann man niemals schaffen, denkt man. Und dann fängt man an, sich zu eilen. Und man eilt sich immer mehr. Jedesmal, wenn man aufblickt, sieht man, dass es gar nicht weniger wird, was noch vor einem liegt. Und man strengt sich noch mehr an, man kriegt es mit der Angst, und zum Schluss ist man ganz ausser Puste und kann nicht mehr. Und die Strasse liegt immer noch vor einem. So darf man es nicht machen. Man darf nie an die ganze Strasse auf einmal denken. Man muss nur an den nächsten Schritt denken, an den nächsten Atemzug, an den nächsten Besenstrich. Und immer wieder nur an den nächsten. Dann macht es Freude; das ist wichtig, dann macht man seine Sache gut. Und so soll es sein. Auf einmal merkt man, dass man Schritt für Schritt die ganze Strasse gemacht hat. Man hat gar nicht gemerkt wie, und man ist nicht ausser Puste. Das ist wichtig. Diese Weisheit muss er von dir gehört haben, Clavi! In Gedanken bin ich bei dir, was ich sonst tagsüber tue, ist nebensächlich geworden. Habe heute sogar einen Termin vergessen, obwohl er vor mir in der Agenda stand. Und das kommt höchstens alle zwei Jahre einmal vor. Do it, take it, win it. Mach's, nimm's, gewinn's. Egal wie weit es noch geradeaus geht. Herzlich, Franz.«

Ich bin sprachlos. Das ist meine Geschichte! Das ist mein Thema! Genau damit kämpfe ich jetzt. Wie kann Franz, Tausende von Kilometern entfernt, etwas von meinen Gefühlen wissen? Wieso wird mir dieses E-Mail ausgerechnet jetzt vorgelesen? Ich bin durcheinander. »Ich möchte alleine sein. Bitte legt ABBA auf. Den Song mit dem ›Dream‹.« Die Crew befolgt meinen Wunsch.

I have a dream, a song to sing

Den Traum habe ich immer noch.
Das ist mein Song für das RAAM.

To help me cope with anything
If you see the wonder of a fairy tale
You can take the future even if you fail
I believe in angels

Ja, ich glaube an Engel. Das E-Mail von Franz muss ein Engel geschickt haben. Anders kann ich mir das nicht erklären.

Something good in everything I see
I believe in angels
When I know the time is right for me
I'll cross the stream. I have a dream

Das ist es. Ich kann alle Ströme überqueren, wenn ich mich von meinen Träumen leiten lasse.

I have a dream, a fantasy
To help me through reality

Ich »fahre mich dahin«. Mit der Musik. Ich tanze zu ihr. Gegenwind, Rückenwind? Alles egal. Ich bin eins mit meinem Velo. Wir fahren durch eine wunderbare Landschaft. Ich kämpfe nicht, ich kämpfe gegen nichts. Warum habe ich mich so angestrengt? Meine Energien verschleudert? Ich kann den Wind nicht ändern. Ich bin nur ein Mensch. Wie könnte ich mir anmassen, über den Wind zu befehlen. Ich bin wie dieser Strassenkehrer. Ich fahre und fahre, das Ziel interessiert mich nicht, nur der Weg. Entschuldige, Wind, dass ich so gegen dich angetreten habe. Ich weiss, dass du bläst, wie du es für richtig hältst. Oder du es tun musst. Du hast mich schon so oft dahingeschoben. Entschuldige, dass ich das vergessen habe. Wie kann ich nur so gedankenlos sein und gegen dich kämpfen wollen!

You can take the future even if you fail
I believe in angels

Ich höre und fahre und fahre. Ich bin mein Velo, mein Velo ist ich. Ich löse mich auf in der Natur um mich. In der Weite, die mich umgibt. Sie nimmt mich in sich auf, ich nehme sie auf, ich werde diese Weite. Sie ist kraftvoll, sie gibt mir Kraft.

Ich denke an einen Satz aus der Rede des Häuptlings Seattle an den Präsidenten der Vereinigten Staaten von Amerika aus dem Jahr 1855:

Was die Erde befällt, befällt auch die Söhne der Erde. Wenn Menschen auf die Erde spucken, bespeien sie sich selbst. Denn das wissen wir, die Erde gehört nicht den Menschen, der Mensch gehört zur Erde – das wissen wir. Alles ist miteinander verbunden, wie das Blut, das eine Familie vereint. Alles ist verbunden. Was die Erde befällt, befällt auch die Söhne der Erde. Der Mensch schuf nicht das Gewebe des Lebens, er ist darin nur eine Faser.

Ich bin eine Faser, ich schwinge im Wind. Ich bin ein Indianer. Ich sammle mich neu und tanze, tanze, tanze. Ich tanze durch die Landschaft zu dieser Musik hinter mir, zu dieser Musik um mich. Ich bin ganz tief in mir. Ich habe soeben eine meiner wichtigsten Erfahrungen gemacht: Kämpfe dort, wo du etwas bewegen, etwas ändern kannst. Wenn du aber erkennst, dass all dein Wissen, all deine Energie nichts ändert, dann höre auf zu kämpfen. Dann ändere das Einzige, das du immer zu ändern vermagst: Ändere deine Einstellung.

So fahre ich bis nach Kim (Colorado), wo eine grosse Pause vorgesehen ist. Über 600 Kilometer habe ich mit und in diesem Gegenwind zugebracht. Ich bin müde, aber zufrieden. Als ich mich im *pace car* auf das harte Bett lege, sehe ich das Bild meines Vaters. »Du hast mich nie ganz verstanden, Vater, meine Leidenschaft für das Radfahren. Du hast gedacht, dass ich nach der Lehre noch den Meister mache und dann einen Salon eröffne. Das wäre für dich der normale Weg gewesen. Und jetzt das. Bist du ein bisschen stolz auf mich? Nur ein bisschen?« Beim Einschlummern glaube ich seine Worte zu hören: »Entschuldige dich.«

Ich hatte oft Krach mit meinem Vater. Ich empfand sein 1980
Verhalten als ungerecht und patriarchalisch. Aber auch als hilflos, wenn ihm irgendetwas über den Kopf wuchs. Ich erinnere mich noch an einen Abend, wir sassen alle am Tisch beim Abendessen in unserem Haus in Haag und stritten über irgendetwas. Die Gespräche wurden immer heftiger und lauter. Auf einmal sagte mein Vater: »Fertig! Aus! Schluss damit! Es ist jetzt so, wie ich es sage!« Dem Frieden zuliebe schwiegen alle. In solchen Situationen hatte ich aber immer das Gefühl, dass sein Verhalten völlig ungerecht und undemokratisch war. Im Stillen dachte ich: »So geht das doch nicht. Der kann doch nicht einfach alles mit seiner Autorität abwürgen.« Und ich sagte: »Das ist nicht fair. Dir wächst das Ganze nur über den Kopf.« Schon kam mir ein Teller Spaghetti entgegengeflogen. Ich duckte mich und er sauste vorbei an die Wand.

Ich liess mich in dieser Zeit auch nicht mehr von ihm schlagen. Ich stritt heftig mit ihm, hatte aber keine Angst vor ihm und ich habe ihn auch nie gehasst. Später habe ich vieles von seinem Verhalten aus seiner Biografie heraus verstanden. Es hat nichts ungeschehen gemacht, aber erklärbar. Mit 19 Jahren bin ich im Krach aus dem Elternhaus ausgezogen.

Wir sassen am Mittagstisch, unser kleiner Mischlingshund lag unter der Eckbank. Mein Vater züchtete früher reinrassige Schäferhunde, aber unser kleiner Haushund gehörte nicht zu den ›edlen‹ Tieren. Mein Vater wollte nicht, dass der Hund unter der Bank liegt und befahl ihm herauszukommen. Der aber kroch tiefer hinunter. Über den Ungehorsam geriet mein Vater so in Rage, dass er den Hund mit Gewalt hervorzerren wollte. Da schnappte dieser in seiner Panik nach seiner Hand. Mein Vater rastete aus und prügelte auf das Tier ein. Ich wollte ihn davon abhalten.

»Hör auf! Hör doch endlich auf!«

»Halt du dich da raus!«

»Lass den Hund in Ruhe!«

»Das geht dich nichts an.«

»Der hat doch nur aus Angst geschnappt.«

»Halt' endlich deinen Mund!«

Der Hund huschte aus dem Haus.

»Du bist absolut enttäuschend für mich. Von einem Mann, der jahrelang Hunde gezüchtet hat, hätte ich mehr Verständnis für einen Strassenhund erwartet. Ich habe gedacht, du verstehst Hunde. Aber du hast ganz einfach keine Ahnung.« Das war für meinen Vater zuviel. »Dafür entschuldigst du dich. Und zwar sofort!«, schrie er mich an.

»Ich? Wieso?«

»Ich habe gesagt: Entschuldige dich!«

»Wenn sich jemand entschuldigen muss, dann du.«

»Schreit nicht so, das halbe Dorf hört mit«, sagte meine Mutter beschwichtigend. »Ja, das ist euch wichtig, was die anderen über uns denken. Und der arme Hund?« Nun war mein Vater nicht mehr zu bremsen. »Wenn du dich bis heute Abend nicht entschuldigt hast, dann kannst du ausziehen!«, brüllte er mich an. Ich schrie zurück »Ich geh' ja schon!« Meine Mutter begann zu weinen. Ich stand auf, packte zwei Taschen, rief Gerda an, fragte, ob ich vorübergehend bei ihr wohnen könne, und ging. Am Abend holte ich den Rest meiner Sachen. Meine Mutter war sehr traurig, mein Vater ziemlich überrascht, dass ich so entschlossen war. Er schaute mich nicht einmal an, als ich ihm ›Ade‹ sagte. Von da an wohnte ich zunächst bei Gerdas Eltern. Bald darauf haben Gerda und ich geheiratet.

No stress, please – Ich schlafe eine Stunde tief und fest. 2001
Als ich geweckt werde, ist es 4.00 Uhr morgens. Wir müssen weiter Richtung Springfield (Colorado), auch diese Strecke kenne ich schon. Wir fahren los und wieder fährt die Erinnerung in meinem Kopf mit. Vor zwei Jahren war auf dieser Strecke vieles schief gelaufen. Der Fahrer des Wohnmobils hatte sich verfahren, dadurch konnte eine Schlafpause nicht wie geplant in einem ruhig gelegenen Hotel durchgeführt werden. Wir mussten in einem Motel neben einem Güterbahnhof nächtigen, das war nicht sonderlich angenehm, denn die amerikanischen Züge sind – so schien es mir damals – noch viel lauter als die europäischen. Ich konnte kaum schlafen, musste dadurch im Anschluss meine Energiereserven anzapfen und bekam Stress.

Stress ist das Schlimmste. Stress beschäftigt den Kopf auf eine Art und Weise, dass er sich sämtliche noch im Körper vorhandenen Energiereserven zu holen scheint, um das

Problem zu bewältigen. Stress ist Gift für den Geist. Auch das Denkvermögen ändert sich mit der körperlichen Belastung, je ausgelaugter der Körper ist, desto einfacher will es das Gehirn haben. Die Zwischentöne gehen verloren, abstrakte Phantasiegebäude sind nicht mehr zu produzieren, der Kopf verträgt nur klare Haltungen. Er wird zu einer digitalen Einheit, die mit Ja oder Nein zu füttern ist. Vielleicht, eventuell, kann sein, möglicherweise – all diese Begriffe können nicht mehr erfasst werden, sie verwirren und geben dem Gehirn eine Arbeit auf, die es nicht mehr bewältigt. Auch eine feine Form der Ironie ist nicht mehr fassbar. Man denkt, wie Kinder denken, einfach und klar, ohne Zwischentöne. Das war eine der wichtigen Erfahrungen aus den vorhergehenden RAAM. Daher hatte ich mir absolutes Stressverbot auferlegt.

Ich weiss nicht, ob jemand das RAAM auf Anhieb gewinnen kann. Ich jedenfalls habe das nicht geschafft. Die meisten brauchen mehrere Anläufe, bis sie den richtigen Rhythmus, das richtige Ernährungskonzept, die richtige Versorgung, das richtige Team und vor allem die entsprechende mentale Haltung gefunden haben, um dieses Monsterrennen durchzustehen und zu gewinnen. Das beginnt schon bei der Vorbereitung. Ich lernte, auch das angeblich Negative gedanklich so umzupolen, dass es mir Energie brachte.

Im Dezember 1997 hatte ich mich definitiv entschieden,
1997 das RAAM zu fahren. Von diesem Moment an drehte sich in meinem Kopf alles um dieses Rennen. Ich setzte mich intensiv mit dem RAAM auseinander, es wurde zu einer Art ›Kommunikationspartner‹ von mir. Kein Tag verging, ohne dass ich mehrmals mit meinen Gedanken bei diesem Rennen weilte. Ich war zu jener Zeit bekannt dafür, Rotlichter und Stoppschilder zu missachten. Nach meiner Entscheidung, am RAAM teilzunehmen, hielt ich mich bei allen Fahrten genau an die Ver-

kehrsregeln. Beim Rennen, so wusste ich aus der Literatur, wurden diese Delikte von den *officials* penibel geahndet: mit Zeitstrafen, die beim *penalty point* einige Kilometer vor dem Ziel ›abgesessen‹ werden mussten. Es konnte also passieren, dass man sich beinahe 4800 Kilometer abschindete und dann musste man vor dem Ziel 20 Minuten Zeitstrafe absitzen. Während man also tatenlos dasass, zogen die Konkurrenten an einem vorbei ins Ziel. Diesen Schmerz und diese Schmach wollte ich mir ersparen. Das Einhalten aller Regeln war für mich, zusammen mit dem Anspruch ohne Doping zu fahren, das oberste Gebot.

Es war, als würde ich mir diese auch für mich unvorstellbare Strecke von 5000 Kilometern Stück für Stück gedanklich einverleiben. Ich las alles, was ich über das RAAM finden konnte. Meine Zielsetzung gab mir eine unglaubliche Energie. Egal um welche Zeit ich ins Bett kam, wie wenige Stunden ich schlafen konnte, frühmorgens war Tagwache. Das Gefühl, einen Traum realisieren zu können, liess neue gigantische Kräfte in mir wach werden. Aber meine Frau Gerda war völlig frustriert. Sie zweifelte ernsthaft an meinem geistigen Zustand.

»Du spinnst doch! Du wirst dich ruinieren.«

»Gerda, das ist mein Traum.«

»Das ist ein Hirngespinst.«

»Versteh doch, ich muss dieses RAAM fahren.«

»Du musst gar nichts. Du musst dich um deine Familie kümmern.«

»Du verstehst mich nicht.«

»Ich verstehe dich sehr gut. Du jagst deinen Träumen nach. Und wo bleibe ich?«

»Gerda, du kennst mich doch!«

»Und dann habe ich einen Krüppel zuhause! Du glaubst doch nicht, dass du das RAAM ohne Schaden fahren kannst!«

»Doch, das geht. Vertraue mir!«

»Nein, das glaube ich nicht. Ich mach' das nicht mit. Wenn du das RAAM fährst, lasse ich mich scheiden!«

Ich war sprachlos. Das war ein knallharter Hammer. Wieso konnte sie das nicht verstehen, sie hatte mich doch sonst auch immer verstanden. Was soll ich tun? Wird sie mich wirklich verlassen, wenn ich dieses RAAM fahre? Nein ... oder doch? Zuzutrauen ist es ihr. Aber was ist das für eine Liebe, die mich im Stich lässt, wenn ich meinen Traum verwirkliche? Wenn sie mich jetzt nicht versteht, dann hat sie mich nie verstanden. Dann soll sie mich eben verlassen. Und Luca? Ich war hin- und hergerissen. Zugleich schöpfte ich aus diesem Zwiespalt eine immense Kraft. Trotz, Zorn und Wut schoben mich weiter.

Gerda behandelte mich nach dieser Auseinandersetzung mit grosser Distanz und Kühle. Ich litt unter diesem Liebesentzug, empfand bisweilen sogar Hass auf sie. Ich hatte das Gefühl, dass auch sie nur noch das Finanzielle sehe, redete mir ein, dass ich absolute Narrenfreiheit hätte, wenn ich mit meinem Tun entsprechend viel Geld herbeischaffen würde. Wir sprachen nur noch das Nötigste, hatten einen knappen sachlichen Ton. Sie wartete immer darauf, dass ich klein beigäbe. Und ich wartete auf ihr Verständnis. In dieser Situation merkte ich, wie harmoniesüchtig ich bin. Doch ich dachte, wenn sie so vehement dagegen ist, dann muss hinter diesem Widerstand auch eine enorme Energie stecken.

Gerda fuhr mit Luca alleine in die Toscana, ins Urlaubshaus ihrer Schwester, und wünschte ausdrücklich, dass ich nicht mitkomme. Wir gaben uns eine ›Auszeit‹. Die Distanz sollte unsere Beziehung klären. Sie sagte, ich sollte mir überlegen, ob ich die Ehe wirklich aufs Spiel setzen wollte. Für mich war ihre klare Haltung wichtig und richtig. Sie zwang mich, meine eigene Position zu finden: Wie wichtig war mir das Rad-

fahren, wie wichtig dieses Rennen? Ich hätte das RAAM auch um den Preis meiner Ehe gefahren. Ich spürte, dass die negativen Gefühle ein grosses Energiepotential in sich hatten, weil ich sie ins Positive leiten konnte. Dieser Prozess gab mir unglaublich viel Kraft. Die Kälte zwischen Gerda und mir nährte meinen Trotz: Ich werde zeigen, was ich kann. Wenn nicht einmal du mich verstehst, wer sollte mich dann verstehen? Ich werde allen zeigen, wozu ich fähig bin!

So baute ich meine Trainings aus, suchte Sponsoren und Crewmitglieder. Eine der ersten war Erika Gerster, Masseurin und begeisterte Radfahrerin. Sie war sofort Feuer und Flamme. Ihre Begeisterung hat mich sehr aufgebaut. Auch bei der Sponsorensuche war Erika eine riesige Hilfe, sie zog den grössten Fisch an Land, die Volksbank in Vaduz. Insgesamt brachten wir 80.000 Franken zusammen. Über 30.000 Franken stammten von Freunden, Verwandten und Bekannten. Jeder von ihnen hatte 50 Franken oder mehr gesponsert und mich unterstützt. Auch Kleines kann gross werden, wenn es so grosszügig gespendet wird, wie es hier geschehen ist.

Ein Gespräch mit Cornelia Ellensohn, der Mitarbeiterin meines früheren Geschäftspartners Herbert Steiner, half mir ebenfalls weiter. Sie hatte damals schon einen Internet-Zugang und konnte Englisch. So bat ich sie, mir die Bedingungen für das RAAM zu übersetzen, die Anmeldeformulare auszufüllen und den gesamten Schriftverkehr zu erledigen. Sie tat dies gerne und fand, das sei eine tolle Sache, meinte aber auch, dass es ganz schön verrückt sei, bei so einem Rennen mitzumachen. Ihr Kommentar: »Na ja, wer weiss, wovor du flüchtest? Alle Spitzensportler flüchten vor oder in etwas.« Ich war durch diese Aussage ziemlich irritiert, denn für mich war das eine Suche und keine Flucht!

Ab März begann ich, ein intensives Training für das RAAM
1998 aufzubauen. Jeden Tag fuhr ich zwischen zwei und zehn Stunden Rad, machte Krafttraining und mentales Training. Das gesamte Training erfolgte von zuhause aus, für ein Trainingslager hätte das Geld nicht gereicht. Von Dezember bis zum Start Mitte Juli brachte ich es auf circa 25.000 Trainingskilometer, zudem kamen mir die rund 500.000 Kilometer zugute, die ich im Laufe meines Sportlerlebens schon gefahren war. Wer bereits 12 mal die Erde umrundet hat, der fürchtet sich auch nicht vor einer Tour de Suisse. Ich fuhr die Originalstrecke im Juni 1998 als Generalprobe für das RAAM in Begleitung von Wohnmobil und *pace car*. Was die Radprofis in 240 Stunden zurücklegen, schaffte ich trotz Dauerregen und Schneesturm in 74 Stunden am Stück, inklusive der kurzen Ruhepausen.

Ich bin überzeugt, dass jeder Mensch viel erreichen kann, auch wenn er mit seinen Zielvorstellungen ausserhalb der Norm liegt. Begrenzungen sollten nicht einengen, sondern herausfordern. Lange wurde behauptet, dass kein Mensch ohne Sauerstoff über 8000 Meter bergsteigen könne. Dann kam Reinhold Messner und widerlegte die Meinung der Ärzte. Das RAAM ist nur ein Sinnbild für Unvorstellbares, angeblich Unerreichbares, für einen Lebenstraum. Jeder Mensch hat sein eigenes *Race Across America*. Es müssen keine 5000, es können auch 100 Kilometer sein ...

Leiden gehört dazu – Ich bin nun schon rund 2700 Kilo-
2001 meter unterwegs. Nach diesem für mich ausgiebigen Schlaf von einer Stunde bin ich total gut drauf. Ich habe zudem einen respektablen Vorsprung, die Hoffnung auf einen Sieg ist diesmal durchaus berechtigt. Ich putze die Zähne, lasse mich warm anziehen, setze mich auf mein Rad und fahre los.

Das ›Dökterle‹, ist sehr gesprächig an diesem Morgen.

»Wie fühlst du dich, Clavi?« höre ich in meinem Kopfhörer.

»Sehr gut!«

»Und dein Allerwertester?«

»Na ja. Könnte besser sein.«

»Was ist für dich bei diesem RAAM anders als bei den beiden anderen?«

»Vieles. Ich wollte das RAAM ohne Schmerzen fahren. Das ist aber Quatsch, das ist gar nicht möglich. Nach dem vierten Tag kommen sie so oder so. Die Hand tut weh beim Schalten, die Füsse brennen, das Hinterteil ist auch nicht mehr in der besten Verfassung. Und dann die Müdigkeit. Aber das habe ich dieses Jahr alles akzeptiert. Ich weiss, dass die körperlichen Schmerzen dazugehören. Ich versuche, die psychischen Schmerzen zu verhindern. Bis jetzt ist mir das auch gelungen. Ich finde die physischen Schmerzen sind nicht mehr so intensiv. Du nennst so etwas ja ›Erfahrung‹, gell, Dökterle?«

Christian Hoppe und Andi Bösch lachen. Dann sagt Christian: »Das intensive Leben hat eben auch das Leiden in sich. Das darf aber nicht als etwas Schlechtes empfunden werden, sondern als Teil des Ganzen. Das ist wie Licht und Schatten. Oder auf und ab. Kein Zwischendurchplätschern. Das ist Lebensqualität! Weisst du, heute wollen viele Leute zwar intensiv leben, sind aber nicht bereit, auch nur fünf Minuten zu leiden. Ob das Liebeskummer ist oder etwas anderes. Das macht mich oft richtig ›hässig‹. Dann haben die Leute das Gefühl, ich sei arrogant. Ich denk' mir, sie sollen doch ihr Leben innerhalb des Gartenzauns führen, wenn sie nicht bereit sind, etwas auf sich zu nehmen. Wenn ich Patienten mit chronischen Schmerzen sehe, die sich nur Massagen geben lassen oder in die Sauna gehen, aber sich nicht überlegen, ob sie aktiv etwas gegen ihre Schmerzen tun könnten, macht mich das sauer. Darum freue ich mich so, wenn ich zwischendurch ausbrechen kann. Mit jemandem zusammen sein kann, der zwar auch Schmerzen hat, aber nicht jammert.«

»Clavi, jetzt noch zehn Meilen, dann sind wir in Oklahoma!«, wirft Andi dazwischen. »Ich suche jetzt mal einen geilen Song für dich auf der CD, okay?« Ich murmle ein »Warte noch«, und wende mich an Christian: »Erzähl du mir mal, was bei dir den Kick gegeben hat, mit mir mitzukommen!«

»Ich erinnere mich an das erste Telefongespräch mit dir. Da hatte ich das Gefühl, das sei alles nur Bluff.«

»Echt? Warum?«

»Du hast dich so präzis vorgestellt. Das ist aussergewöhnlich, dass jemand sich am Telefon vorstellt und sagt: ›Ich bin der und der, habe das und das erreicht, und die und die Pläne.‹ Ich kenne nur einen, der das so machen würde, das ist der Andi Bösch.« Andi lacht. Ich antworte: »Aber das war notwendig und gut, damit du in kürzester Zeit gewusst hast, mit wem du es zu tun hast.«

»Das war einfach eine neue Situation. Es hat mich überrascht. Aber es war gut.« Ich denke an dieses Gespräch und sage: »Ich habe dich beim ersten Treffen arrogant und überheblich empfunden.«

»Das verstehe ich.«

»Jetzt ist mir das wurschtegal. Jetzt sind wir Freunde.«

»Vielleicht ändert sich das bald?«

»Schauen wir mal.« Ich atme tief durch. Andi meint: »Ich spiele dir jetzt einen Song ein.« Hatte Andi nicht eben etwas fragen wollen? »Andi, was wolltest du wissen?«

»Du hast mir gesagt, du habest die Strecke bisher leichter empfunden als vor zwei Jahren. Wie kann das passieren? Wo liegt der Unterschied?«

Ich überlege kurz. Ich weiss, dass Andi das RAAM auch einmal fahren möchte. Wie soll ich ihm meine neue Einstellung erklären? »Ich bin ja schon 1999 mit ›Nasenatmung‹ gefahren. Sie sorgte für tiefe Entspannung. Trotzdem bin ich ausgerastet, wenn es irgendwo nicht richtig gelaufen ist. Du bist mir diesbezüglich ein bisschen ähnlich. Deshalb bist du auch gefährdet auszuflippen. Du beachtest deine Grenzen zu wenig. Oder dich packt die kalte Wut. Ich habe dich einmal im Training erlebt, du hast dich auf die Strecke Paris–Bern vorbereitet und bist gefahren wie ein Wahnsinniger! Ich fuhr hinter dir und dachte: »Was will er? Will er mir beweisen, dass ich keine Chance habe?«

»Ich habe keine gehabt! Du hast das Rennen ja haushoch gewonnen!«

»Im Ernst, Andi, du musst akzeptieren, dass es beim RAAM ungewöhnliche Phasen gibt. Das Wichtigste ist, dass du dir keine unnützen Gedanken machst. Auch keine schlechten Gedanken. Du darfst den anderen nichts Schlechtes wünschen. Die sind ja genauso arm dran wie du selber. Die haben auch einen offenen Arsch. Und andere Schmerzen. Ich habe am Anfang durchgedreht, als ich in den Gegenwind kam. Bis ich merkte, das muss ich einfach akzeptieren. Du musst immer wissen, wer du bist und was du willst. Du kannst das RAAM fahren, du hast genug Erfahrungen als Betreuer gesammelt. Du musst dir einfach einen guten Physiotherapeuten suchen. So einen guten, wie du selber bist.« Ich überlege kurz: »Aber das alleine reicht nicht. Es gibt sicher Hunderte von Ärzten und Physiotherapeuten, aber sie haben nicht deine Wellenlänge. Das ›Feinstoffliche‹ muss stimmen. Schau, der Gerry Tatrai hat sich seine Mannschaft einfach nach den Fähigkeiten der Einzelnen zusammengestellt. Das würde bei mir nie klappen. Ich brauche eine Familie um mich herum. Menschen, die ich mag, die mich mögen. Das gibt mir Kraft. Aber da funktioniert jeder anders. Andi, du musst herausfinden, was für dich selber wichtig ist.«

Das erste RAAM – Das musste ich auch: Herausfin-
1998 den, was für mich wichtig ist und war. Mein erstes RAAM 1998 führte von Irvine (Kalifornien) nach Savannah (Georgia) über 4650 Kilometer. Es umfasste vier Zeitzonen. Mitte Juli herrschte in den Staaten mit über 50 Grad Celcius im Schatten die grösste Hitzewelle, die je gemessen worden war. Mein Team bestand aus Franz Rutz, meinem Meditationslehrer, Erika Gerster, der Sportmasseurin, die wir Bally nannten, meinem Schwager Alois ›Wisi‹ Marxer, Uli Anderwert, auch er ein begeisterter ehemaliger Profirennfahrer und unser Logistiker, Pressebetreuer Stefan Amann, dann Christian ›Dökterle‹ Hoppe, Arzt, und zuletzt stiess in den USA noch der Fotograf Michael Yankaus, zu uns. Der Start gelang. Obwohl ich als Einziger nur kurze Abschnitte von rund acht Stunden am Stück fuhr – die Konkurrenten blieben alle viel länger im Sattel – war ich hervorragend unterwegs. Bei glühender Hitze durchquerten wir die Mojave-Wüste, eine äusserst staubige und steinige Gegend mit eigenartigen Wüstenpflanzen wie dem Joshua-Tree und dem Cholla-Kaktus. Ich lag immer unter den ersten Sechs und fühlte mich gut. Auch am dritten Tag gehörte ich noch zu den Leadern. Doch am vierten passierte das, wovor mich viele gewarnt hatten. Wir fuhren durch Texas, die Temperaturen erreichten tatsächlich die angekündigten 50 Grad Celcius, mein Hintern in der schwarzen Rennhose brannte wie Feuer und heizte sich an dem schwarzen Ledersattel zusätzlich auf. Ich sehnte mich nach dem Abend, der sich langsam ankündigte und kühlere Luft bringen würde. Doch immer noch

warf die Sonne ihre Glutstrahlen auf die Erde; da spürte ich, wie meine Haut platzte. Ich stieg sofort ab und sagte: »Jetzt ist es soweit. Mein Arsch ist offen.«

Der *pace car* hielt, die Türe wurde geöffnet und ich setzte mich an den Seitentritt. Sollte ich die Hose herunterziehen oder nicht? Ich wagte es nicht. Ich sah die kleinen, gesprenkelten, rotbraunen Flecken auf dem Sitzeinsatz, ahnte das wässrige Rot auf meiner Haut. »Das ist das Aus!«, sagte ich, »Das schaffe ich nicht, nicht mit diesen höllischen Schmerzen. Nicht auf diesem Sattel.« Ich konnte mir beim besten Willen nicht vorstellen, noch einen einzigen, geschweige denn über 2800 Kilometer in diesem Zustand zu fahren.

Meine Crew besänftigte mich. »Das Problem werden wir lösen, Clavi. Kümmere du dich nur ums Radfahren, wir tun alles andere.« Die meisten meiner Crew hatten Erbarmen mit mir. Nur Christian das ›Dökterle‹, und Ueli reagierten hart.

»Jetzt stell dich nicht so an!«

»Weisst du überhaupt, wie Fahren mit einem offenen Arsch ist?«

»Jaja, das kann ich mir schon vorstellen.«

»Das kannst du eben nicht. Du bist nur ein Arzt, der gegen Schmerzen irgendeine Spritze reinhaut. Ich halte das nicht aus.« Das ›Dökterle‹ wurde laut und heftig: »Was bildest du dir eigentlich ein? Wir opfern unsere Ferien, unsere Freizeit für dich, damit du dir deinen Traum verwirklichen kannst. Und jetzt willst du wegen so einem bisschen offenem ›Fudi‹ aufgeben? Du bist ja wirklich das grösste Weichei!« Ich atmete tief durch, dann wandte ich mich an Ueli. »Ueli, das geht nicht. Du weisst aus eigener Erfahrung, dass schon ein Pickelchen einen aus dem Sattel holen kann.« Doch auch Ueli blies ins selbe Horn und liess sich kein bisschen erweichen. Was sollte ich nun tun? Mitgefühl konnte ich keines erwarten. In mir erwachte Zorn. Nun gut, denen werde ich es schon zeigen. Spätestens nach ein paar Stunden werden auch diese beiden ein Einsehen haben. Ich biss die Zähne zusammen, atmete noch einmal tief durch und fuhr weiter. Mein Zorn verwandelte sich in grandiose Wut. Ich, ein Weichei! Was bilden die sich eigentlich ein? Sitzen hinter mir bequem im Wagen und nennen mich ein Weichei! Keinem von ihnen wünsche ich diese Schmerzen, nicht einen Moment lang. Denke nicht an den Schmerz, hämmerte es in mir, denke einfach nicht dran. Negiere ihn, dann gibt es ihn nicht mehr. Er ist nur in deinem Kopf. Befreie dich davon. »Es tut aber so verdammt weh«, schrie eine andere Stimme. So fuhr ich weiter, der Sattel war heiss, die Hose war heiss, mein Hintern eine offene Wunde. Dankbar nahm ich jede Steigung an, die mir erlaubte, aus dem Sattel zu gehen. Noch nie hatte ich derartige Schmerzen verspürt. Mir liefen unaufhörlich Tränen übers Gesicht, ich konnte nichts dagegen tun. Das salzige Wasser lief und lief, bis nichts mehr vorhanden war. Die Schmerzen aber blieben. Irgendwann schickte ich meine Empfindungen über die Schmerzgrenze in andere Sphären. Und fuhr und fuhr. 200 oder 300 Kilometer werde ich es durchstehen, dachte ich, danach wird auch Christian kapieren, dass es so nicht geht. Dass selbst ich das nicht kann.

Diese Zeitspanne gab meiner Crew Luft, sich nach Lösungen für mein Problem umzusehen. Mein Schwager Wisi holte kühlende Beutel für den Sattel, dann fand er einen grossen schweren Überzug, den er mir über den Sattel montierte. Damit hatte ich plötzlich 1,8 Kilogramm zusätzlich zu transportieren. Zudem erinnerte mich dieser Überzug an einen Kunden bei *Bike Works*, der einen solchen Sattelüberzug bei uns bestellt hatte und dieses Monster über seinen eleganten Sportsattel befestigen liess. Wir hatten damals gelacht und gespottet und uns geschworen: »Nie, aber wirklich nie, würden wir unsere Hintern auf so ein Monster setzen, egal was passieren würde.« Und nun sollte ich mich auf so ein Ungetüm setzen und gegen meinen Schwur verstossen! Ich musste mächtig über meinen Schatten springen. Doch ich hatte nur zwei Möglichkeiten: Das Rennen sofort zu beenden oder mich auf diesen Sattel zu setzen. Also fuhr ich weiter mit dem inneren Schwur: »Über die Ziellinie fahre ich nicht damit!« Ich habe das Monster dann wirklich kurz vor dem Ziel entfernen lassen.

Inzwischen hatte meine Crew mit einem der Funktionäre gesprochen, die während des gesamten Rennens immer wieder unvermutet auftauchten, um das Einhalten der Regeln zu kontrollieren. Dieser *official* war selbst ein erfahrener RAAM-Finisher und gab uns den Tipp für eine Salbe aus dem Supermarkt. Es handelte sich um eine antibiotische Salbe, die bei starken Verbrennungen verwendet wird. Sie tötet Bakterien und fördert die Bildung von neuen Hautzellen. Diese Salbe war meine Rettung. Meine Crew war derart rührend um mich bemüht, dass sie zu einem weiteren Motivationsfaktor wurde. Ich dachte: »Ich kann meine Leute nicht hängen lassen, ich muss das schaffen. Ich muss durchhalten. Ich will dieses Rennen beenden. Ich habe dieses Risiko selbst mit meiner Eitelkeit provoziert, weil ich unbedingt von Anfang an einen sportlichen Sattel haben wollte. Jetzt muss ich den Preis dafür bezahlen.« So sass ich auf meinem Velo, weinte, fluchte, empfand meine Schmerzen als Strafe Gottes, weil ich oft arrogant und heftig reagiert hatte, wenn jemand mich vor dem Problem ›offener Hintern‹ warnte. Ich hatte alle Zweifler ausgelacht und gesagt: »Dieses Problem habe ich im Griff, es wird alles gut gehen.« Und nun das!

Bei jeder Schlafpause wurde mein Hintern desinfiziert. Die Betäubung vor dieser Behandlung war extrem schmerzhaft. Ich versuchte alles Mögliche: Ich konzentrierte mich auf die Atmung, ich entspannte mich bewusst, dabei musste mir mein Schwager Wisi immer die Hand halten, damit ich merkte, wenn ich mich verkrampfte. Aber alles nützte nichts. Diese Schmerzen waren das Schlimmste, was ich je erlebt habe. Es war, als würde Salzsäure in eine offene Wunde geträufelt. Wenn ich diese Qualen fünf oder zehn Minuten aushalten müsste, würde ich wahnsinnig werden. Ich war nicht mehr in der Lage abzuschätzen, wie lange das Desinfizieren wirklich dauerte.

Meine Schmerzgrenze wurde bei jenem RAAM ziemlich erweitert. Ich weiss nun, was es heisst, 3000 Kilometer mit einem offenen Hintern zu fahren. Ich habe es ausgehalten. Ich hatte wieder eine Schallmauer durchbrochen. Wieder eine Grenze überwunden.

Noch etwas veränderte sich beim ersten RAAM: Mein Bewusstsein! Das Rennen findet vorwiegend auf Landstrassen ohne viel Verkehr statt. Die gesamte Strecke ist in einem *route book* aufgeschrieben, nach dem sich die Crew orientiert. Abzweigungen, Stoppstellen usw. müssen mir zugerufen werden, sie sind auf der Strasse nicht signalisiert. Wir hatten beim ersten RAAM kein Kommunikationssystem, die Crew musste also bei jeder Kreuzung das Autofenster öffnen und mir zurufen, wie ich zu fahren hatte. Das war unangenehm, da das Auto klimatisiert war und draussen eine höllische Hitze herrschte. Die Folge: Fast die ganze Crew war erkältet. Und ich sass völlig isoliert auf meinem Rennrad, mit meinen schlimmen psychischen Zuständen, meinen Schmerzen. Das Alleinsein in dieser gigantischen Landschaft, diese Stille um mich, die unendlich langen, geraden Strassen begeisterten mich aber auch und luden zu Meditation ein. Doch das einsame Fahren hatte seinen Preis. Ich hatte nächtelang das laute Zirpen der Fauna im Ohr, ich durchlief Phasen der geistigen Verwirrung, verweigerte die Flüssignahrung, fuhr in ›Hungeräste‹, war unterzuckert, kam in trance-ähnliche Zustände. Streckenweise fuhr ich wie unter Hypnose. Die Crew sagte dann immer: »Der ›Hypo‹ ist bei ihm.«

In der zweitletzten Nacht vor der Zielankunft begann ich leicht zu halluzinieren. Vor mir lag eine Waldlichtung, die für mich wie ein Ozeandampfer aussah. Ich fuhr mitten hinein und spürte, wie mich der Dampfer überfuhr.

»Seht ihr den Öltanker denn nicht?«, schrie ich, wollte ausweichen und merkte im selben Moment, dass es nur eine Waldlichtung war. Die Crew beruhigte mich. Doch sie brachte mich nicht von meinen Halluzinationen ab. Mein Gehirn war zu müde, es konnte das Gesehene nicht mehr richtig zuordnen, machte Fehler, missinterpretierte. So hatte ich plötzlich das Gefühl, am Gotthard zu fahren, der weisse Strich auf der Strasse wurde zu einer Steinmauer, ich schrammte daran und wich ruckartig nach links aus. »Was ist los, Clavi? Alles in Ordnung?« Ich antwortete nicht. Mir wurde angst und bange. Solche Zustände hatte ich noch nie gehabt. Wurde ich nun verrückt? Ich fing an zu spinnen, ich drehte durch!

Ich war nun rund 600 Kilometer vor dem Ziel, lag an sechster Stelle, knapp vor mir der Italiener Fabio Biasolo. Ich wollte nur noch schlafen. Ich wollte mich einfach irgendwo hinlegen. Doch das ›Dökterle‹ und Ueli bestanden darauf, dass ich weiterfuhr. »Ihr seid Verbrecher. Ich habe Frau und Kind zuhause. Ich will mich nicht kaputtmachen!«, schrie ich.

Sie antworteten nicht. Ich stampfte und wütete auf dem Rad. Bei jeder Tankstelle fuhr ich von der Strasse ab, stieg vom Rad, stand eine Weile herum und radelte dann wieder los. Einmal bin ich sogar in den Tankstellenshop gegangen, schaute mich dort um, ging wieder hinaus und fuhr weiter. Meine Leu-

te im Auto verzweifelten zusehends. Da bekamen sie mit, dass mein Vordermann Fabio Biasolo eine Schlafpause plante. Als ich davon hörte, wurde alles in meinem Kopf sofort glasklar. Es war, als hätte man einen Lichtschalter angeknipst. Ich erkannte, welche Szenarien sich durch diese neue Situation entwickeln könnten, und begann Pläne zu schmieden. Ich war wieder da. Ueli und das ›Dökterle‹, die gerade den *pace car* fuhren, amüsierten sich köstlich und waren froh, dass sie mich nicht anderweitig bei Laune halten mussten. Immer wieder winkte ich sie zu mir her, um ihnen meine neuen Pläne mitzuteilen. Eines meiner viel belachten Szenarien war: »Der Italiener geht jetzt schlafen, aber jemand aus seiner Crew steht Wache. Ich fahre an seinem Wohnmobil vorbei. Kaum sieht mich der Wachposten, rennt er ins Wohnmobil und schlägt Alarm. Sofort wird dem schlafenden Fabio die Infusionsnadel aus der Vene gerissen. Stellt euch vor, wie er schlaftrunken ins ›Fett‹ (Rennhosen sind innen im Schritt eingefettet) steigt und mir folgen will! Dann starte ich durch, und gebe so lange alles, bis dieser kleine Italiener im Kopf zerbricht.«

»Du machst das schon, Clavi!«

»Ich fahre bis zur völligen Erschöpfung. Dann muss aber das Wohnmobil da sein.«

»In Ordnung, Clavi. Go!"

»Go, Clavi, go!«

So fuhr ich dahin und überholte das Wohnmobil von Fabio Biasolo. Tatsächlich stand einer vor dem Wohnmobil, und als ich vorbeisauste, sah ich gerade noch, dass der Posten ins Wohnmobil stürmte. 20 Minuten später startete Fabio mit seiner Aufholjagd. Es war eine Strasse mit Tausenden von Wellen, ich sehe sie noch heute, höre mein ganz automatisches Schalten: tock, tock, tock, völlig rhythmisch! Ich fuhr schweigend, nahm die Abfahrten mit höchster Tretfrequenz im grössten Gang und raste mit 60 bis 70 Stundenkilometern dahin. Das Gelände war stark kupiert, also ideal für mich. Ich nahm die Aussenwelt nicht mehr wahr, reagierte intuitiv. Es war Nacht, alles reduzierte sich auf eine einfache Sache: das Sein in der Bewegung. Ich fuhr konzentriert, spürte den Rhythmus, schaltete ganz automatisch, blieb immer im gleichen Drehbereich. Ich sauste über die Wellen, und es war wie Fliegen, ich hatte keinerlei Zeitgefühl mehr, war im siebten Himmel. Einfach absolut ›megageil‹. Es war, als hätte ich mich in und mit allem, das mich umgab, aufgelöst. Die Zeit hatte sich zu einem Raum geöffnet, in dem ich schwerelos geworden war. Niemals zuvor und nie mehr danach habe ich mich so gefühlt wie in dieser Wellenlandschaft. Ein Traum! Und für alle ein Rätsel. Denn mein Körper hatte keinen Zucker mehr, kein Fett, er holte sich bereits das Eiweiss aus den Muskeln. Trotzdem konnte er diese Leistung erbringen. Medizinisch war das nicht erklärbar. Für mich aber einmal mehr der Beweis, dass der Geist über der Materie steht. Die Landung nach diesem absoluten und langen Höhenflug war entsprechend hart und schmerzhaft. Der Rausch war urplötzlich vorbei, und mich quälten Schmerzen und Müdigkeit. Nun brauchte ich wirklich dringend eine Schlafpause.

»Wo ist der Italiener?«, war meine erste Frage, als ich aufwachte. »Hey, Clavi, guten Morgen! Du kannst ganz entspannt weiterfahren.« Die Crew um mich war merkwürdig beschwingt. »Wo ist der Italiener? Sagt schon.«

»Er liegt zwei Stunden hinter dir.«

»Das ist gar nicht möglich. Lügt mich nicht an!«

»Es ist aber so.«

»Ich bin doch höchstens zwei Stunden gefahren.«

»Du bist sechs Stunden gefahren. Sechs volle Stunden!«

Nun zweifelte ich an ihrem Verstand. Oder war es meiner, der nicht mehr funktionierte? Ich war sechs Stunden in diesem absolut geilen Gefühl gefahren? Sechs Stunden ausserhalb der Zeit? Das konnte nicht sein.

»Clavi, ich weiss auch nicht, wie das möglich war. Aber es war so«, bestätigte das ›Dökterle‹. »Die italienische Crew hat Protest eingelegt. Sie sagt, das sei gar nicht möglich, sie vermutet, dass du bei uns im *pace car* mitgefahren bist.«

»Soll sie doch! Ich weiss zwar nicht, wo ich gewesen bin, aber ich weiss, dass ich nicht im Auto war.« Damit war das Thema für mich erledigt. Ich stieg wieder aufs Rad und fuhr hin-aus in die Dunkelheit. Würde ich die zwei Stunden Vorsprung ins Ziel retten können? Ich kämpfte. Das Team kämpfte. Es war kein Koffein mehr da, meine Leute organisierten von überall her Kaffee für mich, sie taten ihr Bestes, um mich zu motivieren und doch wurde alles unglaublich zäh. 150 Kilometer vor dem Ziel war ich fix und fertig. Plötzlich begann es zu regnen. Wie konnte das möglich sein? Ich war im Süden, die Sonne stach vom Himmel und doch spürte ich, dass es regnete. »Wieso regnet es jetzt?«, fragte ich und erschreckte damit meine Crew zutiefst. Denn Ueli hatte mir nur mit einem Zerstäuber Wasser ins Gesicht gesprüht, um meinen Kopf zu kühlen. Meine Reaktion darauf war für das ›Dökterle‹ ein Signal für eine weitere, ungeplante Schlafpause. Doch ich weigerte mich, wackelte weiter auf dem Fahrrad dahin, fühlte mich völlig abgekapselt, fiel in ein mentales Loch.

In mir kreiste nur ein Gedanke: »Du musst den Italiener besiegen.« So schnell konnten sich absolutes Highsein und die Hölle abwechseln! »Clavi, du hältst vorne rechts an!« Ich hörte Christians Stimme, seinen Befehl, dachte noch kurz: »Ich muss aber ins Ziel!« und stieg doch ab. Die Crew zog sich zurück und liess mich alleine. Ich fiel in einen tiefen unruhigen

Schlaf. In dieser Pause überholte mich Fabio Biasolo. Das verschwieg mir die Crew.

Nach dem Aufwachen fuhr ich mit einem dumpfen Gefühl los. Ich fragte wiederholt nach dem Italiener. »Kümmere dich nicht um ihn. Fahre jetzt einfach ruhig ins Ziel.«

»Das heisst, er hat mich überholt? Wie weit ist er vor mir?«

»Wir wissen es nicht.«

»Kann ich ihn noch einholen?«

»Wer weiss!«

Ein Funke Hoffnung war noch da. Und ich wollte um alles in der Welt das Ziel erreichen. Ein RAAM-Finisher sein. Das war ich all denen schuldig, die an mich geglaubt hatten, die mir Geld für dieses Rennen gegeben hatten und all denen, die jetzt hinter mir herfuhren. Ich war entsetzlich müde. In mir machte sich wieder der Gedanke breit: »Das schaffe ich nicht. Nie!« Meine Fusssohlen brannten wie Feuer. Sie schienen riesengross zu sein und aufgeblasen wie ein Autoreifen. Durchschnittlich mussten sie 90 Umdrehungen pro Minute leisten. Schon längst hatten sich tief liegende Hämatome gebildet, die Füsse waren immens angeschwollen. Wisi hatte Löcher durch die Schuhsohlen und meine orthopädischen Einlagen gebohrt, um die Luftzufuhr zu vermehren. Doch auch das half nicht. Nein, das schaffe ich nicht. Ich hielt an.

Die Crew beschwor mich, wieder aufs Rad zu steigen. Erika, die am liebsten von Vaduz nach Oberriet und retour radelt, versuchte mich aufzumuntern: »Clavi, es sind nur noch 50 Kilometer, genauso viel wie von Vaduz nach Oberriet und zurück. So einen Katzensprung nimmst du ›mit links‹, das ist doch kein Problem für dich!« Sie meinte es gut, doch bei mir hatte dieser Vergleich den völlig gegenteiligen Effekt. Wie sollte ich in meinem elenden Zustand diese Strecke von Oberriet nach Vaduz schaffen? Eine Strecke, 1000 Mal gefahren, jede Welle, jeden Schachtdeckel, jedes Schlagloch kenne ich im Traum. Wie oft war ich nach langer, harter Trainingsfahrt, im ›Hungerast‹, mit Mühe und Not gerade noch von Oberriet nach Hause gekommen? Dabei waren die damaligen miesen Zustände noch um Welten besser als mein jetziger! Nein, so nicht! Diese Strecke mit all meinen Schmerzen zu fahren war unvorstellbar! Ich blieb wie ein störrischer Esel einfach stehen: »Das schaffe ich nicht. Niemals!«

Nach über 4800 Kilometern sollte ich 50 Kilometer nicht mehr schaffen? Unmöglich! Die Crew suchte nach den richtigen Worten, war nach der Reaktion auf Erikas Vergleich völlig verunsichert. Ich weiss nicht, zu welchen Mitteln die Crew griff, um mich wieder auf mein Rad zu bringen. Sie wussten, dass ich mir und ihnen ein Aufgeben so kurz vor dem Ziel nie verzeihen würde. Irgendwann stiegen in mir die Worte hoch: »Speed – Speed – Superspeed. Jetzt hol' ich den Italiener ein.« Dabei brabbelte ich unaufhörlich meine neu gefundene Formel vor mich hin. Die Crew atmete erleichtert auf und alle waren glücklich, dass ich wieder unterwegs war.

So kam ich ans Ziel, zerschunden, total erschöpft, aber glücklich. Froh und erstaunt, dass ich es geschafft hatte. Später kam Stolz dazu. Ich war nun RAAM-Finisher. Das Unvorstellbare war vorstellbar geworden. Ich hatte gewonnen, zwar nicht den Sieg, aber meinen Traum! Ich fühlte mich als Gewinner! Ich hatte für die 4680 Kilometer neun Tage, sieben Stunden und 53 Minuten gebraucht, war Sechster geworden und wurde nun als bester Newcomer mit dem Titel *Rookie of the Year* ausgezeichnet. Auf den ersten vier Rängen befanden sich ausschliesslich Fahrer, die das RAAM bereits mindestens einmal gewonnen hatten. Der Fünftplazierte, Fabio Biasolo, hatte bereits zum dritten Mal an einem RAAM teilgenommen. Die Rangliste beim RAAM 1998 lautete:

1. Platz	Gerry Tatrai, Australien 8 Tage, 11 Stunden, 22 Minuten
2. Platz	Wolfgang Fasching, Österreich 8 Tage, 17 Stunden, 26 Minuten
3. Platz	Rob Kish, USA 8 Tage, 20 Stunden und 22 Minuten
4. Platz	Danny Chew, USA 8 Tage, 23 Std. und 14 Min.
5. Platz	Fabio Biasiolo, Italien 9 Tage, 6 Stunden und 59 Minuten
6. Platz	Andrea Clavadetscher, Liechtenstein 9 Tage, 7 Stunden und 53 Minuten

Als ich ein paar Tage später in Liechtenstein ankam, erlebte ich eine grosse Ernüchterung. Mein sechster Rang interessierte ausser meine Familie kaum jemanden. Meine Frau Gerda war froh, dass ich einigermassen heil zurückgekehrt war. Viele fanden nur Spott für mich. »Soviel Geld ausgegeben – und wofür? Nur Sechster. Und nicht einmal ein Preisgeld! So etwas Verrücktes!« Und doch gab es auch viele, die meine Leistung bewunderten. Für die meisten war es einfach nicht fassbar und sie sahen keinen Sinn in meinem Tun.

Ich wurde noch mehr zum Aussenseiter. Dass das erste RAAM mein Lehrjahr gewesen war, dass noch nie ein Teilnehmer das RAAM auf Anhieb gewonnen hatte, dass Eroberungen ihre Zeit brauchen, das wollten viele nicht wahrhaben. Mir war klar, dass ich noch einmal starten würde. Dann wollte ich das RAAM gewinnen.

2001

I can dance with you, honey – Ich schaue auf. Der Horizont scheint endlos, ein leichter Silberstreifen zeigt an, dass die Sonne bald aufgeht. Hoffentlich wird die Luft dann feuchter, meine Nase ist total ausgetrocknet. Immer wieder blutet sie, und ich muss das Blut mit Tampons stoppen. Andi meldet sich in meinen Kopfhörer: »Ich habe gestern mit meiner Freundin Carole telefoniert. Es war grad Mitternacht. Sie sagt, in acht Stunden sei Sonnenfinsternis, irgendwo in Afrika, das bedeute Konjunktion. Erde, Sonne, Mond seien in einer Linie. Das baue Kraftfelder auf. Wer daran glaube, könne daraus Kraft ziehen. Ich hoffe, du kannst sie spüren, diese Kraft. Ich soll dich übrigens ganz lieb von Carole grüssen.« Ich murmle ein Danke; vor meinen Augen bildet sich ein riesengrosses Wiesenfeld voller Bäume, deren Wurzeln tief in der Erde stecken, während sich die dicken Stämme kraftvoll nach oben recken. Ihre Kronen sind prallvoll mit satten grünen Blättern. Mein Kraftfeld! Dabei fahre ich durch die Prärie ... Es geht bergauf, ich beginne leicht zu keuchen. Jetzt brauche ich Musik. »Bitte leg mir eine CD ein, irgendetwas von Abba. Etwas Softes.«

»Bist du sicher mit dem Soften?«

»Das hat auch seine Qualität. Ich bin ja auch ein Softie. Und du auch.« Christian kramt herum, kann die CD nicht starten. »Gleich, ich muss nur noch ...« Ich höre kratzende Geräusche in meinem Kopfhörer. »Ach ja, das ›Dökterle‹ und die Technik. Wie kann so ein Mann nur Arzt sein!« Plötzlich dröhnt es aus den Lautsprechern:

Well, I can dance with you, honey, if you think it's funny,
Does your mother know that you're out?
And I can chat with you baby, flirt a little maybe,
Does your mother know that you're out?
Take it easy, take it easy

Ich fahre und fahre, werde wieder eins mit der Musik, meine Beine bewegen sich automatisch. Mein Kopf ist leer, Körper und Geist sind eins. Ein Song folgt dem anderen und dann höre ich:

Ring ring, why don't you give me a call?
Ring ring, the happiest sound of them all,
Ring ring, I stare at the phone on the wall,
And I sit all alone impatiently,
Won't you please understand the need in me,
So, ring ring, why don't you give me a call?

Die Strasse ist lange und gerade und auf einmal sagt Christian: »Junger Mann, welcome to Oklahoma! Next state!« Ausser einem Schild ist die Grenze natürlich nirgends zu sehen. »Oklahoma, native America. Jaja, ist ganz deutlich ein anderer Staat«, spottet Christian. Abba dröhnt immer noch:

So, ring ring, why don't you give me a call?
Oh-oh, ring ring, why don't you give me a call?
So, ring ring, why don't you give me a call?
Oh-oh, ring ring, why don't you give me a call?
So, ring ...

»Hey, Clavi, wir sind wunderbar unterwegs! Sehr schön, wie du fährst!«

On and on and on,
Keep on rocking baby,
Till the night is gone,
On and on and on,

Auch ich fahre on and on and on ... Die weite Landschaft breitet sich aus wie eine Decke, nimmt mich auf, hüllt mich ein. Ich fahre und denke an meine Trainingszeit auf Mallorca. Zum ersten Mal hatte ich mir ein professionelles Training gestattet. Ich war aus dem kalten Februar in den Schweizer Bergen auf die wohltemperierte spanische Insel Mallorca entflohen, roch die Meeresluft, dankte allen Göttern und Gerda, dass ich auf dieser Insel sein durfte. Sie hatte mir zugesprochen, das Training im Süden unter idealen Bedingungen zu absolvieren. Keine Beaufsichtigung der Hausaufgaben meines Sohnes, kein Staubsaugen, kein Kochen, ich war von allen hausmännlichen Pflichten befreit. So muss sich eine Hausfrau fühlen, die sich nach Jahren zum ersten Mal Wellness-Ferien leistet, in denen ihre Bedürfnisse das Wichtigste der Welt sind. Für mich standen vier Monate intensives Training auf dem Programm. Mit mir waren das SwissPost-Profiteam und einige der weltbesten Behindertensportler, wie Franz Nietlisbach und Beat Schwarzenbach, geflogen.

Erinnerungen an meine ersten Trainingslager auf der Insel stiegen hoch, als ich das Flugzeug verliess, diese Mischung aus Kerosin und Blütenstaub roch und die jungen Radprofis aus dem Swiss Postrennstall beobachtete. Schlagartig wurde mir bewusst, dass ich an meinem *point of no return* war. Noch nie hatte ich derart optimale Bedingungen vor einem Rennen gehabt. Es gab nur noch den Weg nach vorne, jetzt zählte nur noch der Sieg. Alles andere wäre bei diesen professionellen Strukturen und bei dieser Vorbereitung eine peinliche Niederlage und eine riesige Enttäuschung. Nicht einmal als einer der besten Eliteamateure der Schweiz hatte ich je die Möglichkeit gehabt, mich so ausschliesslich auf den Sport zu konzentrieren, wie ich es jetzt vier Monate lang tun würde.

Ich schloss einen Pakt mit den himmlischen Mächten, denen ich sagte: »Ihr habt mir dieses professionelle Training ermöglicht, dann gestattet mir auch den Sieg. Ich werde meinerseits alles dafür geben. Diesmal muss ich gewinnen! Es gibt keine Erklärung für ein Versagen. Alles ist optimal vorbereitet.« So dachte ich. Doch schon nach wenigen Tagen bekam ich starke Ohrenschmerzen. Die scheinbar warmen Temperaturen und der in Meeresnähe eisige Wind haben schon manchem Übereifrigen das Trainingslager hier vermiest. Alte Mallorca-Hasen wissen um die Gefahr. Der Klimawechsel wird oft unterschätzt, die ausgedehnten intensiven Trainingsfahrten setzen dem Körper mehr zu, als man denkt. Statt zu trainieren lag ich nun krank und alleine im Hotelzimmer. Zunächst bagatellisierte ich meine Schmerzen. So ein bisschen Hals- und Ohrenschmerzen dürfen einen zukünftigen RAAM-Sieger nicht aus dem Sattel werfen! Doch die Schmerzen wurden stärker, ja sogar unerträglich und ich bekam Fieber. Am Morgen nach einer schlaflosen Nacht beschloss ich, von Schmerzen gepeinigt, einen Arzt aufzusuchen.

Der Arzt sprach von einer schlimmen Sache und dass ich eine beidseitige Innenohrentzündung hätte. Er verordnete mir zwei Wochen absolute Ruhe, gab mir ein paar Packungen Antibiotika und Schmerzmittel. Ich war skeptisch und wollte mich zuhause von meinem vertrauten Arzt untersuchen lassen. Ich könne auf gar keinen Fall fliegen, erklärte mir der Arzt in strengem Ton, aber wenn ich unbedingt schwerhörig werden wolle, dann sei das meine Sache. Das Risiko sei übrigens auch ohne Flug gegeben.

So lag ich also, zur Untätigkeit verdammt, in einem 800-Betten-Hotel auf Mallorca. Was nun? Mein Trainingsrückstand würde wohl kaum noch einzuholen sein. Trotzdem geriet ich nicht in Panik. Nun kamen mir die Erfahrungen aus meiner über 26jährigen Sportkarriere und meinen beiden beendeten RAAM zugute. Anstatt ungeduldig und nervös zu werden, und das Projekt gar schon für beendet zu erklären bevor es überhaupt begonnen hatte, ertrug ich die Schmerzen und die schier

endlosen Stunden alleine im Zimmer. »Das ist der erste grosse Prüfstein auf dem Weg zum RAAM-Sieg,« dachte ich, denn schliesslich würde mich auch in den USA kein Zuckerschlecken erwarten. Ich hatte das Gefühl, als würde ich mit dieser Einstellung und mit der Akzeptanz des Problems in meine Aufgabe hineinwachsen.

Von aussen kamen natürlich hämische Bemerkungen: »Na ja, bist eben auch nicht mehr der Jüngste. Vielleicht solltest du dir das Ganze doch noch einmal überlegen.« Für mich aber gab es keinen Zweifel. Für mich war eine dritte Teilnahme am RAAM durchaus sinnvoll. Meine Vorfreude war immer noch stärker als die Erinnerung an die zu erwartenden Schmerzen. Ich verstand plötzlich Frauen, die nach einer schweren Geburt wieder schwanger werden und sich darüber freuen. Sie sehen der Geburt zwar mit einer gewissen Besorgnis entgegen, doch sie wissen, dass sie vorübergehen wird. Und so freute ich mich auf die langen Trainingsfahrten über Pässe, freute mich auf die Landschaften, die ich dabei erleben würde, dankte dafür, dass ich nicht in irgendeinem Büro sitzen musste.

Ich wusste, ich tue das alles, weil es für mich Sinn macht, ich tue es gerne. Wenn man etwas gerne tut, lässt man nicht so schnell locker, dann verwirft man nicht so schnell ein einmal gestecktes Ziel, nur weil etwas Unerwartetes dazwischenkommt. Man bringt es zu Ende und gibt dabei sein Bestes. Unsere Urahnen mussten physisch Grösseres leisten als wir, denkt man nur an die Strecken, die sie zu Fuss zurückgelegt haben, um an ihre tägliche Nahrung zu kommen. Ich probierte mein Leben lang, meinen Weg zu gehen, mit allen Bergen und Tälern. Die meisten Menschen sind nicht bereit, auch Irrwege zu gehen oder in Sackgassen zu landen, sie machen vorher kehrt. Ich hatte gerade nach jedem Irrweg und jeder Sackgasse, jedem Berg und jedem Tal Erkenntnisse, die mich im

Leben weiterbrachten. Einen ›Gipfel‹ zum Ziel zu haben, ihn zu erklimmen, den Aufstieg und danach das erhabene Gefühl ›es geschafft zu haben‹ zu geniessen schenkt tiefe Zufriedenheit. Doch die Bedingungen ganz oben sind so unwirklich, so lebensbedrohend und menschenfeindlich, dass es nicht das Ziel sein kann immer ganz oben zu stehen.

Wir brauchen *ups and downs*. Nur wer ins Tal geht, kann wieder auf den nächsten Berg steigen. Natürlich kann man auch probieren nur oben, unten oder ständig in der Mitte zu bleiben. Für mich hat das mit ›leben‹ wenig zu tun. Es fehlt die Spannung, die nur zwischen den Polen entsteht. Man muss in den Nebel und ins Tal, nur so erlebt man wirklich tiefe Freude in der Sonne auf dem Berg, nur so lässt sich das Bewusstsein erweitern. Ich leiste gerne etwas, ich leiste sogar gerne möglichst viel. Für mich war das RAAM eine grosse Herausforderung mit unvorstellbaren Leistungen. Mein Ziel war jeweils kein geringeres, als das Rennen zu gewinnen. Das stand im Mittelpunkt. Doch ich musste lernen, dass vor dem Sieg das Sammeln von Erfahrungen steht. Wer den Weg zum Ziel in Frage stellt, hat meines Erachtens nichts begriffen. Denn ohne Weg gibt es kein Ziel. Klare Ziele geben Kraft. Kein Ziel zu haben, macht matt und orientierungslos. Wenn man die Richtung kennt, kann man sich Wege überlegen. Dann wird alles einfach und glasklar – auch wenn der Weg dorthin nicht immer einfach sein mag.

So war es für mich auch auf Mallorca. Mein Trainingsplan hatte sich über vier Monate erstreckt, durch meine Krankheit hatte ich vier Wochen verloren. Als ich mich einigermassen erholt hatte, begann ich sehr vorsichtig wieder mit dem Training. Als Leiter der Hobbygruppe, die mit einem Schnitt von maximal 23 Stundenkilometern täglich zwischen 80 und 130 Kilo-

EPO: Abkürzung für Erythropoietin; hauptsächlich in der Niere gebildetes nicht art-spezifisches Hormon zur Erhöhung der roten Blutkörperchen (Erythrozytenzahl) und damit zur Verbesserung der Ausdauerleistung. Nebenwirkungen sind Bluthochdruck, Thrombosen und Embolien in Lunge und Hirn, im Extremfall mit Todesfolge.

metern fuhr, konnte ich mich wieder langsam an meine Form herantasten. Am Nachmittag, wenn ich meine Gäste im Hotel abgeliefert hatte, schwang ich mich nochmals in den Sattel und fuhr alleine bis in die Dunkelheit. Ich war froh, dass mich die Polizei nie erwischte, wenn ich mich erschöpft und ausgehungert, ohne Licht am Rad, zurück ins Hotel schleppte. Dass ich dabei Verkehrsregeln überschritt, nahm ich ausnahmsweise in Kauf. So durchfuhr ich vier Monate die iberische Insel. Es war eine gute Zeit. Ich legte im Schnitt mehr als 1000 Kilometer pro Woche zurück. Die längsten Trainingstouren führten mich mit rund 330 Kilometern um die Insel, dazu benötigte ich nicht ganz 11 Stunden. Ich war dabei alleine im Wind, fast ohne feste Nahrung, nur mit verdünntem Apfelsaft und Fanta. Dadurch lehrte ich meinem Körper, von seinen Fettreserven zu zehren und trotzdem auf hohem Level zu funktionieren.

Natürlich wären Dopingmittel in der Vorbereitungsphase äusserst hilfreich. Steroide, Wachstumshormone, *EPO* oder dergleichen lassen es zu, dass man viel härter trainieren kann. Aber ich hatte schon lange entschieden, ›sauber‹ zu fahren. Ich wollte zudem beweisen, dass solche Leistungen ohne Doping möglich sind, dass sie sogar ohne Doping durchgeführt werden müssen, weil man als Gedopter seine Grenzen nicht mehr kennt, weil man das Mass für das Erträgliche verliert. Die einzigen Mittel, die ich während des RAAM zu mir nehme, sind Schmerztabletten wie Dafalgan (Paracetamol), Panadol, Kochsalzinfusionen und Koffein.

Zum Thema Doping habe ich eine zwiespältige Haltung. Für mich persönlich lehne ich Dopingmittel ab. Ich weiss aber, dass der Sport ein Abbild der Gesellschaft ist. Wieso sollte gerade dort, wo Leistung oberstes Gebot ist, ein faires Feld mit ethischen Grundsätzen übrig geblieben sein? Das zu glauben, scheint nun wirklich naiv. Mit Haferflocken und Milch gewinnt heute im Spitzensport kaum jemand ein Rennen! Aber es müssen ja nicht chemische Keulen sein. Meines Erachtens sollte das Doping freigegeben werden. Vielfach wird heute mit Substanzen experimentiert, die nicht auf der Doping-Liste sind und daher als ›legitim‹ gelten. Fahrer, die diese Mittel einnehmen, fühlen sich nicht als Dopingsünder. Aber die Ärzte wissen Bescheid, daher sollten sie auch die Verantwortung übernehmen. Als Trainer, Coach und Sportler glaube ich aber felsenfest, dass es den sauberen Weg gibt. Der Mensch hat sein Potential noch lange nicht ausgeschöpft. Nasenatmung, Meditation, Persönlichkeitsentwicklung und vieles mehr sind Resourcen, die von den wenigsten im Geschäftsleben und im Sport angezapft, geschweige denn, wirklich genutzt werden.

Ich würde mir wünschen, dass die Art und Weise, wie ich meine drei RAAM bestritten habe, all jenen Mut macht, die ihre Bestleistung ohne Doping erbringen wollen. Der Mensch mag zum Teil an seinen physischen Grenzen angelangt sein, aber sicher noch lange nicht an den psychischen. Und der Geist steht über der Materie. Leute, die Doping absolut verdammen, frage ich gerne, ob sie Asterix-Hefte mögen. Denn die unbestechlichen Gallier sind nur stärker als die Römer, wenn sie ihren Zaubertrank genommen haben, den ihnen der Druide mixt. Was ist denn dieser Zaubertrank anderes als Doping? Der Mensch ist doch seit eh und je auf der Suche nach Mitteln, um seinen Gegner bezwingen zu können. Auf die Moderne übertragen heisst das, Insiderwissen an der Börse zu nutzen, Bilanzen zu fälschen oder Wachstumshormone einzunehmen. Ich will damit aber nicht sagen, dass man das einfach dulden, ja sogar als Zeitgeist akzeptieren soll. Aber der Weg zwischen Betrug und der Suche nach dem Optimum ist eine Gratwanderung.

Das zweite RAAM – Von Mitte November 1998 bis Ende Februar 1999 war ich für die liechtensteinische Sportagentur APF Marketing im Langlaufweltcup im Einsatz, um Geld zu verdienen. Ich installierte Start- und Zielanlagen und brachte die Werbebanner ins richtige TV-Licht. Dadurch lernte ich den gesamten skandinavischen Raum kennen. Bezüglich RAAM-Training passierte allerdings nicht viel in dieser Zeit, ich trainierte nur hobbymässig, ein bisschen Joggen und Langlaufen. Ich kam höchstens auf fünf Trainingsstunden pro Woche. Für einen zukünftigen RAAM-Sieger nicht gerade überwältigend. 1999

Das erste Rennen quer durch Amerika streifte immer wieder durch meinen Kopf. Welche Fehler hatte ich gemacht? Wie liess sich das Ganze optimieren? Wie musste das ideale Konzept aussehen? Ich war felsenfest überzeugt, dass ich dieses Rennen gewinnen konnte. Als ich von einer zweiten Teilnahme sprach, begannen wieder die Kämpfe innerhalb der Familie. Mein brennendstes Problem wurde die Frage, wie Familie und mein Ziel zusammenzubringen waren, damit jeder damit einverstanden sein konnte. War ich wirklich nur ein grenzenloser Egoist? Meine Frau Gerda warf mir vor, dass ich zu wenig für die finanzielle Sicherheit der Familie beitrüge. Sie hatte Recht, ich war im Training wochenlang unterwegs, ohne einen Rappen zu verdienen. Sie bemängelte auch, dass sie ständig alleine sei. So beschloss ich, wieder von zuhause aus täglich acht bis zehn Stunden zu trainieren, um wenigstens am Abend bei meiner Familie zu sein. Ich ging zudem wieder auf Sponsorensuche, was diesmal noch schwieriger als beim ersten RAAM war. Auch ein neues Team musste ich mir suchen, da von der ersten Crew nur das ›Dökterle‹ und mein Schwager Wisi wieder dabei waren. Einige konnten, andere mochten nicht mehr und Einzelne wollten ›Dökterle‹ und ich nicht mehr dabei haben.

Die Zusammensetzung des Teams ist sehr wichtig, denn auch meine Begleitpersonen werden stark gefordert. Es ist nicht einfach, per Auto im Schritttempo durch die USA zu fahren, immer darauf bedacht, im exakten Abstand hinter mir zu bleiben, mich zu versorgen, mich zu motivieren. Es ist auch fürs Team eine extreme Situation, in der jeder Einzelne an seine Grenzen gelangt, in der jeder dünnhäutig wird und es zu Reibereien kommt.

Ich war froh, dass Christian und Wisi wieder mitkommen wollten. In sie beide hatte ich grenzenloses Vertrauen, und sie waren durch niemanden zu ersetzen. Auch ihre Erfahrung war Gold wert. Neu dazu kam der Physiotherapeut Andi Bösch, ein ausgezeichneter Triathlet. Neu waren auch: Uli Jülich als Physiotherapeutin, Toni Ritter, Lehrer und ein langjähriger Freund, Olivier Born als medizinischer Masseur, mein Bruder Hannes, Martin Gerber, ein Freund von Christian Hoppe und ebenfalls Arzt. Dieses Mal bauten wir auf Drängen von Wisi und Christian ein einfaches Kommunikationssystem zwischen dem Begleitfahrzeug und mir auf. Die Crew wollte nicht mehr aus den Autofenstern Anweisungen geben und sich ständig erkälten. Es war vorgesehen, Lautsprecher am *pace car* zu montieren. So konnte ich nicht nur die Anweisungen, sondern auch Musik hören; vor allem in der Nacht würde meine Lieblingsmusik ein zusätzlicher Motivationsfaktor sein und mich wach halten.

Das neue Team gab mir viel Zuversicht. Ich war völlig siegessicher, als ich in den USA ankam. Ich hatte mir fest vorgenommen, dieses RAAM nicht mit Verbissenheit und Anstrengung zu gewinnen, wie es von etlichen RAAM-Siegern in ihren Büchern beschrieben wird. Ich hatte eine Vision von einem »anderen« Sieg, einem Sieg mit Leichtigkeit und Freude. Körperlich und seelisch. Ich wollte der *easy winner* werden. Die Strecke war fast die gleiche wie im Vorjahr, sie führte von Irvi-

ne (Kalifornien)nach Savannah (Georgia), hatte dieses Mal allerdings 2938 Meilen mit viel mehr Höhenmetern und viel weniger Hitze, da wir durch die Rocky Mountains fuhren, was mir ›Bergler‹ sehr entgegenkam.

Ich übernahm vom Start weg die Führung. So hatten wir es vorgesehen, alles klappte bestens. Ich war gut unterwegs, hochmotiviert, freute mich über die langen geraden Strassen, auf denen ich meine Gedanken schweifen lassen konnte, über die Hitze, die mir angenehmer war als jeder Regen und jede Kühle. Wir hatten das Rennen des Vorjahres genauestens analysiert. Dabei waren wir zur Auffassung gekommen, dass das Rezept von Gerry Tatrai, dem Sieger von 1998, auch für mich Erfolg versprechend sein könnte. Dieser war damals die ersten 48 Stunden durchgefahren, ohne zu schlafen. Dabei hatte er sich einen komfortablen Vorsprung von über acht Stunden herausgearbeitet, was ihm erlaubte von vorne zu taktieren. Wenn er also vier Stunden schlafen ging, hatte er immer noch vier Stunden Vorsprung, mit dem gewichtigen Unterschied, dass er ausgeruht und frisch war. Hatte ich beim ersten RAAM noch meine Taktik des Spass- und Gefühlsfahrens verfolgt und dementsprechend meine Pausen gesetzt, so wandten wir nun das Rezept des Australiers an. Wir hatten natürlich vorab ausprobiert, ob das für mich passte. In einem publikumswirksamen Test hatte ich Liechtenstein mehrmals umrundet und dabei ohne Schlafpause über 1207 Kilometer und beinahe 11.000 Höhenmeter absolviert.

So fuhr ich nun bei diesem zweiten RAAM mehr als 46 Stunden nonstop, also auch ohne Schlafpause, lag damit aber nur knapp vier Stunden vor meinen Gegnern. Denn diese liessen sich – nach den Erfahrungen, die sie, wie ich selbst, mit Gerry Tatrai im Vorjahr gemacht hatten – nicht ein zweites Mal überrumpeln und hielten mit. Doch dann begannen unsere

Fehlentscheidungen. Anstatt nach rund 40 Stunden Fahrt, als ich todmüde war, eine Schlafpause einzulegen, hielten wir stur am gesteckten Konzeptziel von 48 Stunden Nonstop-Fahrzeit fest. Das schaffte ich nicht, trotz Koffein musste ich mich nach 46 Stunden hinlegen. Aber obwohl ich unendlich müde war, konnte ich nicht die geplanten vier Stunden schlafen. Schon nach eineinhalb Stunden war ich wieder wach und wollte weiterfahren. Doch Martin, der bei mir Wache hielt, meinte, ich solle doch einfach dösen und mich erholen. Das tat ich denn auch. Ich hätte es besser nicht getan: Als ich wieder aufs Rad stieg, lag ich an dritter Stelle.

Nun begann eine wilde Aufholjagd. Ich fuhr wie der Teufel 36 Stunden nonstop, unter anderem über drei Pässe in den Rocky Mountains, und holte mir damit wieder die Führung. Ich freute mich auf meine wohlverdiente zweite Schlafpause von vier Stunden. Doch dann passierte etwas, mit dem ich nicht gerechnet hatte. Ich konnte nicht einschlafen. Bestimmt hing das mit der Vorgeschichte zusammen.

Die Crew hatte diese Schlafpause in einem Motel organisiert. Doch kurz vor dem Zielort wurden wir von einem jungen Sheriff gestoppt. Martin lief es eiskalt den Rücken hinunter, er war ohne Führerschein am Steuer des *pace cars* gesessen. Jetzt nur keinen Fehler machen, nur kein falsches Wort, keine falsche Geste. Ich stand fünf Meter vor dem *pace car* mitten auf der Strasse und lauschte dem nicht enden wollenden Dialog zwischen meiner Crew und dem kleinen ›Harrison Ford‹, der noch nie etwas von einem *Race Across America* gehört hatte. Ich war todmüde und wollte nur noch unter die Dusche und dann in ein warmes weiches Bett. Doch der Sheriff stellte Tausende von Fragen. Trotz meiner Müdigkeit kroch in mir gewaltiger Zorn hoch – »Wenn er nicht bald aufhört, bringe ich ihn um« – ich war nahe daran, ihn anzubrüllen, er solle sich zum Teufel scheren – da liess er von uns ab. Zum Glück hatte er nicht Martins Führerschein verlangt.

Völlig entnervt kam ich im Motel an, duschte und legte mich sofort ins Bett. Doch mein unterdrückter Zorn und ein vages Gefühl, dass irgendetwas in meiner Crew nicht stimmte, liessen mich nicht einschlafen. Ich versuchte es mit meinen üblichen, zur Gewohnheit gewordenen Ritualen. Da bildete ich mir ein, auf dem Gang einige meiner Crewmitglieder streiten zu hören. Meine ganze Konzentration richtete sich sofort auf diese Geräusche. An Schlaf war nicht mehr zu denken. Christian trat leise in mein Zimmer und bemerkte, dass ich wach lag.

»Was ist los, Clavi?«

»Warum streiten sie?«

»Wer streitet?«

»Ich weiss nicht genau, wer es ist.
Aber ich habe gehört, dass gestritten wurde.«

»Nein, nein, du hast dich getäuscht.
Schalt einfach ab und schlafe.«

»Ich kann nicht abschalten.«

»Probier es.«

»Das habe ich. Was ist los?«

»Wer hat denn deiner Meinung nach gestritten?«

Ich nannte ihm zwei Namen.

Christian holte die beiden ins Zimmer. Sie schworen, dass sie nicht miteinander gestritten hatten. Als sie mein Zimmer wieder verlassen hatten, fiel ich erleichtert in mein Kissen. Christian setzte sich auf einen Stuhl neben mein Bett, um mich zu beobachten. In der Stille des Raums fiel eine andere Angst über mich her. Sie hatte mich schon seit vielen Stunden auf dem Rad gequält.

Schon am dritten Tag des Rennens war mein Penis taub geworden. Seitdem hatte ich Angst, impotent zu werden. »Was bedeutet das? Was habe ich zu befürchten?«, fragte ich Christian.

»Das weiss ich nicht!«

»Du bist der Arzt, du musst das doch wissen.«

»Na ja, auch Ärzte wissen nicht alles.«

Er redete um den Brei herum, das spürte ich.

»Ich möchte eine Antwort.«

Meine Crew hatte sich über meine Sorgen bisher nur lustig gemacht. »Du hast doch schon einen Sohn, das ist genug.« Meine Leute nahmen mich nicht ernst. Oder nahmen sie mich ernst, und wussten nicht, was sie in dieser Situation tun sollten? Sie rätselten herum, ob und wie der taube Penis meine Leistung beeinträchtigen könnte oder würde. Leistung? Ja, sind die denn von allen guten Geistern verlassen? Leistung? Mich interessierte meine Leistung in diesem Moment keinen feuchten Staub! Ich wollte wissen, ob ich ein Mann bliebe oder nicht! »Jetzt sagt schon, was das bedeutet, dieser taube Penis!« Sie redeten sich heraus: »Das ist ein Nervengeflecht, kleine feine Nerven regenerieren sich. Das ganze Geflecht ist jetzt wie eingeschlafen.«

Ich glaubte ihnen kein Wort. Die Gedanken quälten mich, raubten mir Energie. Ich wollte und sollte schlafen, doch ich konnte nicht. In meinem Kopf liefen die Gedanken heiss: »Du bist ausgezogen, das RAAM zu gewinnen und kommst impotent heim. Die meisten in Liechtenstein verstehen dich eh nicht, weil es nichts zu gewinnen gibt, kein Geld. Vielleicht wirst du auch gar nicht Erster, dafür aber impotent. Impotent! Impotent!« Sämtliche Stammtischwitze zu diesem Thema meldeten sich, das Wort ›impotent‹ geisterte unaufhörlich in meinem Kopf herum. »Du solltest schlafen«, sagte Christian und setzte sich zu mir ans Bett. »Ich kann nicht. Ich komme von dem Gedanken nicht los. Wenn ich impotent werde, dann ...«

»Jetzt hör doch auf damit! Das hilft dir jetzt nichts.«

»Sag' mir doch, wird das wieder ...?«

»Jaja. Mach' dir keine Sorgen.«

Als ich weiter drängte, meinte er: »Viele Prognosen sind möglich.« Ich setzte mich im Bett auf. »Ich will eine klare Antwort: Werde ich impotent oder nicht?« Christian schaute mich lange schweigend an, dann sagte er: »Die Entscheidung liegt bei dir, ob du das Rennen aufgibst oder nicht.« Er klärte mich über die Risiken meines tauben Penis auf: »Der Nerv wird von einer Schutzhülle umgeben. Bei zu hoher Belastung kann diese beschädigt werden, der Nerv liegt dann bloss und kann leicht verletzt werden. Normalerweise erholt er sich wieder, auch wenn das ziemlich lange dauert. Im schlimmsten Fall kann es sein, dass du beim Sex keine Lustgefühle mehr hast.«

Ich überlegte, hielt Zwiesprache mit meiner innersten Stimme. War ich bereit, als Verlierer anzukommen und ausgelacht zu werden? Würden mein Körper und mein Geist die Konsequenzen tragen können?

»Ich schlafe jetzt und fahre danach weiter.« Ich spürte, dass das die richtige Entscheidung sein würde. Als aber Christian das Zimmer verliess, überfiel mich urplötzlich eine Horde böser Gedanken. Nicht Sieger, keine Lustgefühle mehr, vielleicht geschieden, Hohn, Spott, Gelächter, ... Mit meiner ganzen mentalen Kraft gelang es mir nicht, dieses immer schneller drehende Gedankenkarussell zu stoppen. Nach rund zwei Stunden brach ich die Pause, die zur Erholung gedacht gewesen war, ab. Ich hatte keine einzige Sekunde geschlafen.

Wolfgang Fasching hatte uns während der Pause überholt. Der Österreicher lag nun knapp eine Stunde vor mir. Doch ich holte ihn schon nach wenigen Stunden wieder ein. Die nächsten 30 Stunden führte ich das Feld der RAAM-Fahrer an. Ich war beinahe 120 Stunden mit nur zwei Stunden Schlaf

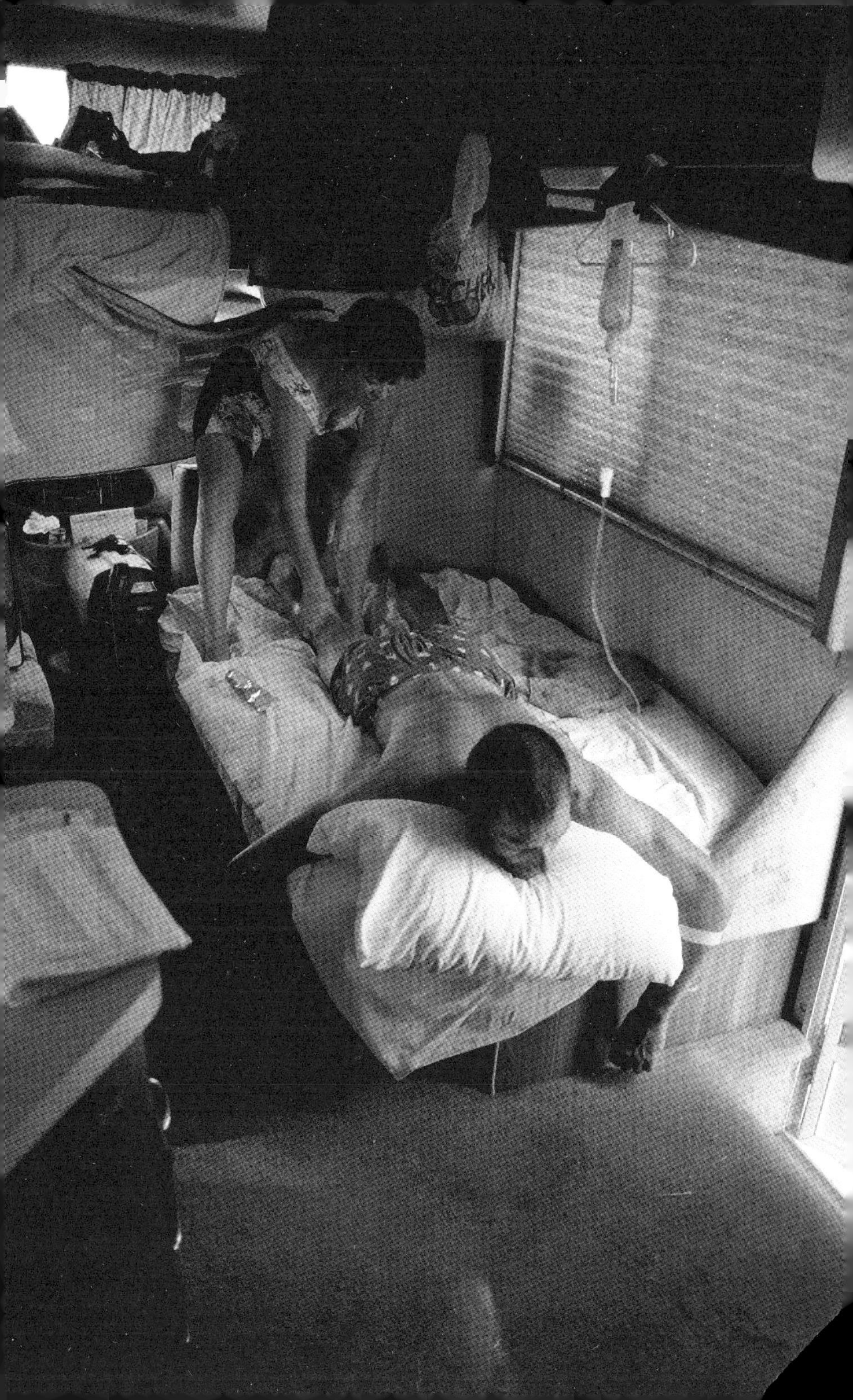

unterwegs gewesen. In der nächsten Pause schlief ich wie ein Murmeltier, vier Stunden lang ohne irgendwelche Gedanken an andere Fahrer, meinen Penis oder die Crew.

Jedes Ziel, jeder Wunsch fordert seinen Preis. Ob der Preis für die Teilnahme an einem RAAM zu hoch ist, kann jeder Teilnehmer nur für sich selbst entscheiden. Ich hatte immer gesagt, ich würde keine Zehe opfern, doch die Toleranzschwelle steigt mit jeder Erfahrung und heute bin ich mir nicht sicher, ob ich nicht doch eine Zehe hergeben würde. Der Preis für den Erfolg muss immer wieder neu definiert werden.

Im ersten RAAM musste ich eine Nervenläsion am linken 1998
Fuss und an der rechten Hand hinnehmen, zwei Zehen am linken Fuss sind heute noch druckempfindlich. Auch diese Verletzungen geschahen, weil aufgrund zu hoher Belastung die ›Kabelhülle‹ um den Nerv beschädigt worden war. Ich konnte damals nicht mehr schalten, hatte im Ring- und im kleinen Finger keine Kraft mehr. Meine Crew schiente mir die Hand, und so konnte ich weiterfahren. Jeder erfahrene RAAM-Fahrer ist in der Lage, Krisen zu erdulden. Die Kunst besteht darin, nicht abzusteigen, wenn es nicht mehr geht. Das geht nur, wenn ich mein Tun als sinnvoll betrachte. »Die Bereitschaft für den Preis hat mit dem Wert des Zieles zu tun«, schreibt der österreichische Neurologe und Psychiater Dr. Viktor Frankl in seinem Buch ›Der Mensch vor der Frage nach dem Sinn‹. Seine Lehre habe ich aufgesogen wie ein Schwamm. Frankl sagt weiter: »Der Mensch wird in erster Linie von seinem Willen zum Sinn getrieben.« Der Mensch will nicht »da sein um jeden Preis«. Was er »wirklich will, ist sinnvoll sein«. Im Magazin ›Epoche‹, Nr. 131 aus dem Jahr 1997, äussert er sich kurz vor seinem Tod folgendermassen:

»Ich kann mein Leben dadurch sinnvoll machen, daß ich eine Tat setze, ein Werk schaffe, aber auch dadurch, daß ich etwas oder jemanden erlebe. Jemanden in seiner ganzen Einmaligkeit erleben, heißt, ihn lieben. Es geschieht also entweder im Dienst an einer Sache oder aber in der Liebe zu einer Person, daß wir Sinn erfüllen und damit auch uns selber verwirklichen. Aber auch dort läßt sich das Leben noch immer sinnvoll gestalten, wo wir mit einem unabänderlichen Schicksal konfrontiert sind, einer unheilbaren Krankheit etwa; dann können wir sogar das Menschlichste im Menschen verwirklichen: Die Fähigkeit, auch eine Tragödie in einen Triumph zu verwandeln. Denn es ist das Geheimnis der bedingungslosen Sinnträchtigkeit des Lebens, daß der Mensch gerade in Grenzsituationen davon Zeugnis ablegen kann, wessen er und allein er fähig ist. Gerade dort, wo etwas nicht geändert werden kann, ist es uns abverlangt, uns selber zu ändern, nämlich zu reifen, zu wachsen, über uns selber hinauszuwachsen. Aber der Mensch wird bei seiner Suche nach dem Sinn heute meist frustriert. Wohlstandsgesellschaft und Wohlfahrtsstaat können zwar praktisch alle Bedürfnisse befriedigen, nur ein Bedürfnis nicht: das Sinnbedürfnis des Menschen, den ›Willen zum Sinn‹, das dem Menschen zutiefst innewohnende Bedürfnis, in seinem Leben und in jeder Lebenssituation einen Sinn zu finden und ihn zu erfüllen. Um einer solchen Sinnerfüllung willen ist der Mensch auch zu leiden bereit, wenn es nötig sein sollte. Wenn er jedoch keinen Sinn seines Lebens kennt, dann pfeift er auf sein Leben, auch wenn es ihm äußerlich gut gehen mag, dann schmeißt er es unter Umständen auch weg. Es ist geistige Mündigkeit, wenn jemand selbständig nach diesem Sinn sucht und darauf verzichtet, eine Antwort allein durch die Tradition zu erhalten«.

Diese Worte gaben mir die Gewissheit, dass meine Einstellung zu meinem Sport die richtige ist, dass mein Leiden etwas Selbstverständliches ist, das zum Sinn dazu gehört.

Der ›unmögliche‹ Endspurt – Zwar erholte ich mich in dieser Schlafpause, aber sie war auf andere Weise fatal für mich: Wolfgang Fasching, Dany Chew, Gerry Tatrai und der Japaner Kaname Sakurai zogen in diesen vier Stunden an mir vorbei. Den Japaner hatte ich rasch wieder eingeholt. Die anderen aber blieben vorne. Doch ich dachte: »Kein Problem, ich habe ja noch fast eine Hälfte, also über 2000 Kilometer Zeit zum Aufholen. Sollen sie sich nur gegenseitig abhetzen, sich verrückte Sprints liefern, ich bleibe einfach dran und wenn sie müde sind, dann presche ich vor.« 1999

So fuhr ich ruhig in meinem Rhythmus weiter, meine Gedanken waren aber immer bei den drei Fahrern vor mir. Die Strasse war ein einziges Auf und Ab. Als diese kräftezehrenden Rampen vorbei waren, dunkelte es; die Strecke führte nun durch einen Wald. Ich vernahm seltsame Tiergeräusche, sie wurden immer lauter. Es war eine gespenstische Stimmung, kein Haus war zu sehen, keine Sterne, nur die Umrisse der Bäume. Ich spürte zusehends meine Müdigkeit und geriet in einen apathischen Zustand. Plötzlich kroch Angst in mir hoch. Angst, die mich durch und durch erfasste. Sie kam aus meinen Eingeweiden, schlängelte sich zum Herzen hoch, zur Lunge, nahm mir die Luft. Dieses Angstgefühl lähmte alles in mir, selbst meine Panik. Ich verschwand in einen Abgrund.

Ich weiss nicht, wie ich abgestiegen bin, ich weiss nur, dass mich plötzlich Menschen berührten und dass dadurch die Angst verschwand. Noch heute habe ich eine Art heilige Scheu vor diesem Gefühl, wage nur sehr selten, daran zu denken. Ich hoffe, dass ich diese Angst nie mehr erleben muss. Sie war schlimmer als alle Schmerzen. Ich wurde auf eine Decke gelegt, die Crewmitglieder umringten und beobachteten mich. Als Martin den Eindruck hatte, dass ich mich erholt hatte, durfte ich weiterfahren. Doch mein Ziel und damit meine Zuversicht waren zerstört, es kam alles anders, wie ich gedacht hatte. Danny Chew und Wolfgang Fasching lieferten sich ein erbittertes Duell an der Spitze und bauten dabei ihren Vorsprung massiv aus. Sie wurden unerreichbar. Für mich war ihre Leistung unbegreiflich, da ich selbst gut unterwegs war. Eineinhalb Tage vor Savannah wurde ich ziellos und geriet damit mitten in eine grosse Krise. Ohne Ziel war alles sinnlos. Das Team spürte, dass ich Hilfe brauchte, alle überlegten fieberhaft und fanden die Lösung im raschen Aufbauen eines neuen Ziels.

Der Australier Gerry Tatrai lag nur zweieinhalb Stunden vor mir. Er war einzuholen. Rund 800 Kilometer blieben noch zu fahren. Auf diese Distanz sind zweieinhalb Stunden nicht viel. Aber mit meiner Müdigkeit und der anstrengenden Strecke war es sehr viel! Wir waren inzwischen in den Apalachen angekommen, einem bewaldeten Gebirgszug, der Strassen mit brutalen Steigungen in sich hatte. Eine gigantische Herausforderung so kurz vor dem Schluss des Rennens! »Gerry Tatrai einholen!« Das Team schlug mir dieses neue Ziel vor. Ich überlegte kurz: »Tatrai ist sicher auch müde, zweieinhalb Stunden sind wirklich zu schaffen, sonst hätte er nicht soviel auf die Spitzenreiter verloren. Dritter wäre nicht schlecht.« Ich akzeptierte und fuhr wie ein Besessener los. Meine Anstrengungen lohnten sich, ich näherte mich Tatrai bis auf 20 Minuten.

Dann wurde mir eine Schlafpause verordnet. Ich hatte mich in Schweigen gehüllt und nicht mehr geantwortet. Mit Christian hatte ich zu Beginn des Rennens vereinbart, dass er mich vom Rad nehmen dürfe, wenn ich auf bestimmte Fragen keine Antwort gäbe. Einige Fragen betrafen das Langzeitgedächtnis: »Wann hat deine Frau Gerda Geburtstag? Wann wurdest du zum ersten Mal Schweizer Meister?« Andere testeten mein Kurzzeitgedächtnis: »Welcher Tag ist heute? Wie sieht der aktuelle Zwischenstand des Rennens aus?«

Ich antwortete auf keine dieser Fragen. Doch nicht etwa weil ich apathisch war, sondern weil ich einfach keine Lust hatte, irgendetwas zu sagen. Ich war mundfaul, wollte ungestört in meiner emotionalen Höhle dahinfahren. Sie nahmen mich vom Rad. Ich protestierte nicht. Willenlos liess ich es mit mir geschehen, legte mich hin, schlief eine Stunde, stand kurz vor dem Eindunkeln wieder auf und ging wieder auf die Jagd. In meinem müden Kopf war Tatrai immer noch 20 Minuten vor mir. Die einstündige Schlafpause hatte ich einfach vergessen. 20 Minuten, dachte ich, und pedalte hochmotiviert los. Bei Einbruch der Dunkelheit hielt ich nach den Blinklichtern von Tatrais *pace car* Ausschau. Auf diesen welligen, langen Geraden müsste ich doch dieses motivierende Zeichen meines Gegners sehen können. Doch als die Nacht hereinbrach und ich nach einer Stunde immer noch nichts sah, wurde ich unruhig. Langsam begann es in meinem Kopf zu arbeiten.

»Wo ist denn dieser Tatrai? Das gibt es doch gar nicht!«

»Clavi, er hat keine Pause gemacht.«

»Was heisst das?«

»Du hast eine Stunde geschlafen«

»Na und?«

Mein müder Kopf begann zu rotieren. 20 Minuten und eine Stunde! Und Tatrai hat nicht geschlafen. Dann musste er über eine Stunde vor mir liegen. Daher keine Lichter. Die ganze Zeit fahre ich nur ins Nichts.

»Jetzt ist alles aus!«

»Das kannst du nicht sagen, Clavi. Vielleicht hat er kurz vor dem Ziel eine Krise?«

»Der hat keine Krise.«

»Du weisst, wie schnell so etwas passiert.«

»Ja, kann schon sein. Trotzdem wünsche ich ihm das nicht.«

»Der Kampf ist noch nicht verloren.«

Ich schwieg. In meinem Kopf begann sich Leere auszubreiten. »Du schaffst es, Clavi, bleib' dran.«

Je mehr mich mein Team beschwor, desto mehr verlor ich das Vertrauen. In meinem Kopf breiteten sich aberwitzige Vorstellungen aus. Ich war überzeugt, dass alle nur noch möglichst schnell an den Strand wollten, um sich volllaufen zu lassen. »Ihr wollt alle nur das RAAM ganz schnell beenden, damit ihr an den Strand könnt!«, schrie ich nach hinten.

»Nein, wir wollen ganz ruhig mit dir durchs Ziel fahren.«

»Ihr lügt. Ich hindere euch doch einfach daran, dass ihr so schnell als möglich zu euerm Bier kommt!«

»Das stimmt nicht.«

Was immer sie sagten, es nährte meinen Zorn, meine Wut, meine Enttäuschung. Ich fluchte, bekam Durchfall, musste ständig absteigen, mich an den Wegrand setzen, um mich zu entleeren, wo ich sowieso fast nichts mehr in mir hatte. Ich wollte nicht mehr. Das war das Ende.

Ich fiel in ein extremes psychisches Loch. Es öffnete sich wie eine Falltüre unter mir. Ich fiel mit meinem Rad in dieses Loch, fiel senkrecht hinunter und stampfte dabei in die Pedale. Dann drehte ich durch. Ich verweigerte Nahrung und Getränke, fuhr verrückte Sprints. In meinem Kopf raste es: »Wozu das alles noch? Das macht doch keinen Sinn mehr. Mein Penis ist taub, ich bin impotent, habe keine Lustgefühle mehr, komme als Verlierer zurück, alle werden mich auslachen. Womit soll ich in Zukunft Geld verdienen? Niemand wird mir Arbeit geben, mir, einem Verlierer!«

Ich preschte wieder wie ein Irrer los und liess das Rad ausrollen. Dann gab ich wieder Gas. Christian war nun wirklich besorgt um mich.

»Clavi, lass das!"

»Das wollt ihr doch! Dass ich schnell fahre!«

»Ja, aber regelmässig. Nicht so in die Übersäuerung!«

»Sitzt du auf dem Rad oder ich?«

Da hörte ich, wie Christian zu den anderen sagte: »Lasst ihn fahren, wie er will! So fährt er wenigstens. Ist immer noch besser als stillstehen!«

»Jetzt hab ich sie soweit,« dachte ich, »jetzt haben sie alle dieses ›Leck mich am Arsch-Gefühl‹«. Da kam ein *official* mit seinem Wagen angefahren. Auf dem Dach sein Rennrad, an dem ein Licht blinkte. Er sah, dass ich in Schwierigkeiten war, wollte mir helfen, fuhr mit einem Abstand von 100 Metern vor mir her um mich zusätzlich zu motivieren. Ich jedoch bildete mir ein, er und das Team wollten mir die Blinklichter von Tatrais *pace car* vorgaukeln. »Für wie blöd haltet ihr mich eigentlich? Auf so einen dummen Trick falle ich nicht herein!« brüllte ich und sauste los. »Clavi, er will dir helfen!«

»Ha! Helfen! Lug und Trug ist das alles. Aber ich komme in Savannah an. Das verspreche ich euch! Dazu brauche ich euch nicht!« Ich wütete weiter mit meinen Sprints, noch 80, noch 50 Kilometer. Medizinisch war das, was ich tat, nicht erklärbar. Denn ich hatte absolut keine Reserven mehr zur Verfügung. Christian war ernsthaft besorgt um mich gewesen, wie er mir später sagte, wusste aber auch nicht, was in diesem Moment das Richtige gewesen wäre.

Plötzlich wurde es in still meinem Kopf. Kein Geräusch, alles schwieg. Nur ich war noch da. Ich – ganz alleine. »Wie schön das ist!« Ich hoffte, dass es nie aufhörte. »Bin ich oder bin ich nicht mehr?« Ich wusste nicht, wie lange dieser Zustand gedauert hatte, für mich war es ein Stück Ewigkeit. Dann kam ich zur Besinnung. Keine Musik, keine Stimmen mehr. Eine technische Panne? Ich hob den Kopf und schaute mich um.

»Wo bin ich? Was in aller Welt tue ich auf dieser Strasse? Ach so, ich bin in den USA. Ich fahre das RAAM. Immer noch. Es ist noch nicht fertig.« Ich bemerkte das Auto hinter mir, Menschen, die mit mir sprachen. Ich verstand nichts, wollte nichts hören, noch nicht. Ich musste mir zuerst meine Fragen beantworten: »Was tue ich hier? Warum steige ich nicht ab von diesem Rad, lege mich in den Strassengraben, schlafe mich aus und fahre dann in aller Ruhe durchs Ziel? Es ist doch jetzt alles unwichtig. Warum noch strampeln? Warum? Warum? Warum?« Wiederum erschien mir alles sinn- und hoffnungslos. Wieder diese bohrenden Fragen in meinem Kopf. »Was tu' ich hier, wofür quäle ich mich so sehr?«

Und plötzlich hatte ich die Antwort: »Für mich. Weil ich Sportler bin. Weil Sportler nicht ohne triftigen Grund ein Rennen aufgeben. Weil sie wissen, dass das Narben hinterlässt. Weil das Selbstvertrauen sonst für immer geschädigt ist. Wenn ich jetzt aufgebe, kann ich das nie wieder gutmachen. Das ist etwas Endgültiges. Ich bin es mir schuldig weiterzumachen. Nicht nur mir, auch meinem Team, das all diese Kilometer hinter mir gefahren ist, das nur für mich da ist. Für sie werde ich jetzt weiterfahren. Nur für sie.«

Ich begann vor mich hin zu murmeln: »Fürs Team, fürs Team, fürs Superteam, und nur fürs Team, fürs Superteam, ...« Dazu liess sich gut fahren. Das war wie ein Mantra. Ich leierte den Satz ununterbrochen herunter. »Fürs Team, fürs Team, fürs Superteam, ...« Ich wurde ruhig, fand wieder meinen normalen Rhythmus und fuhr weiter. Ähnlich wie beim ersten RAAM hatte ich selbst mit Hilfe einer Suggestionsformel die Lösung gefunden. Mein Team hatte mich beobachtet, gespürt, dass in dieser Situation niemand etwas für mich tun konnte, dass ich mich zu weit von ihnen entfernt hatte, dass sie warten mussten, bis ich wieder zu mir kam. Sie hatten entsetzliche Angst um mich, und doch das Vertrauen, dass es ein gutes Ende nehmen würde. Dafür war ich ihnen später dankbar.

Ich fuhr kurz vor 5.00 Uhr früh über die Ziellinie und wusste nicht, wo ich war. Die Zieleinfahrt war beim Hotel Marriott in Savannah, das Publikum bestand aus zwei oder drei *officials* und meinen Crewmitgliedern.

Ich stieg vom Rad, man klopfte mir auf die Schulter, gratulierte, doch niemand wagte es, mich richtig in die Arme zu nehmen, zu leer war mein Blick, zu weit war ich immer noch von meinem Team entfernt.

Ich setzte mich auf einen Stuhl und spürte – nichts. Absolut nichts. Kein Gefühl war in mir. Nur eine grenzenlose Einsamkeit. Eine Leere, in der ich wie ein steuerloses Raumschiff herumtrudelte. Ich verlor mich in diesem Raum, schwebte durch mein Alleinsein, schaute die anderen an, sah sie nicht. Ich war – ich weiss nicht wo. Ich war ein Verlierer. Die Rangliste vom RAAM 1999:

1. Platz	Danny Chew, USA
	8 Tage, 7 Stunden, 34 Minuten
2. Platz	Wolfgang Fasching, Österreich
	8 Tage, 8 Stunden, 51 Minuten
3. Platz	Gerry Tatrai, Australien
	8 Tage, 15 Stunden, 35 Minuten
4. Platz	Andrea Clavadetscher, Liechtenstein
	8 Tage, 18 Stunden, 52 Minuten
5. Platz	Fabio Biasiolo, Italien
	8 Tage, 23 Stunden, 7 Minuten

Das Thema, ein Rennen aufzugeben, beschäftigte mich 2002
später noch einmal, als ich wirklich aufgeben musste. Das war beim *Swisspower Gigathlon 2002*. Für diesen Anlass, der in

sieben Tagen über fast 1500 Kilometer in den fünf Disziplinen Rennradfahren, Biken, Schwimmen, Laufen und Skaten um die Schweiz führte, hatte ich eigens Schwimmen und Skaten gelernt. Auch das Laufen war für mich etwas völlig Ungewohntes, hatte ich doch die letzten 15 Jahre kaum Lauftrainings absolviert. Somit wurde der Swisspower Gigathlon für mich eine grosse neue Herausforderung, das scheinbar Unmögliche zu wagen.

Das Schwimmen fiel mir besonders schwer, weil das Wasser nicht mein Element ist. Ich brauchte Wochen, bis ich im Hallenbad 25 Meter am Stück kraulen konnte. Als ich dann ins Freibad mit einem 50 Meter Schwimmbecken wechselte, spürte ich erstmals Panik in mir. Das Becken war in der Nähe des Sprungturms tiefer und ich bekam sofort Angstschübe und Atemnot. Das erinnerte mich an meine Kindheit. Genauso war es mir beim Versteckspielen ergangen, wenn ich unter ein Bett oder einen Schrank gekrochen war. Meine Panik bezog sich aber auch darauf, dass ich in einigen Wochen am Gigathlon einige Seen und Flüsse durchschwimmen sollte. Bei meinem ersten Versuch in einem sehr trüben See in der Nähe von Bern geriet ich in eine völlig verzweifelte Situation. Ich konnte nicht einmal zehn Meter lang schwimmen, ohne in Panik zu geraten. Ich versuchte alle nur erdenkbaren mentalen Tricks, konzentrierte mich auf die Atmung, kontrollierte meine Empfindungen und mühte mich so über eine Stunde bei strömenden Regen ab.

Verzweiflung, Wut und Zorn stiegen in mir auf. Ich hasste Schwimmen. Plötzlich beobachtete ich einige Meter entfernt eine Ente. Stolz und seelenruhig schwamm sie auf mich zu. Ich hielt mich mit Hilfe meines Neoprenanzugs ganz ruhig im Wasser. Es war, als wollte sie mir zeigen, wie man sich im Element Wasser bewegen soll. Elegant, geschmeidig, entspannt.

EAST
71

Mit wurde schlagartig klar, wie ich mich innerlich verspannte, mich wehrte gegen das, was ich tat. Abneigung, Widerwillen und Hass sind keine guten Voraussetzungen, um etwas erfolgreich zu bewältigen. Wieso konnte ich mich nicht wie diese Ente mit Freude und Ruhe im Wasser bewegen? Ich atmete tief durch, drehte mich auf den Bauch und kraulte in einem Zug über den fast einen Kilometer langen See und zurück. Was für ein Unterschied zu vorher! Unglaublich, wie stark die Wirkung einiger Gedanken und der daraus folgenden Erkenntnisse sein kann! Diese kleine Ente hatte mir eine Lektion fürs Leben erteilt. Derart gestärkt, startete ich im Juli 2002 zum Gigathlon. Ich war von Anfang an gut unterwegs, lag immer unter den ersten Fünf und war sogar am fünften Tag Etappenzweiter. Doch dann geschah etwas, womit ich nicht gerechnet hatte.

Am Samstag Morgen um 6.00 Uhr, es dämmerte leicht, und der Himmel zeigte sich regnerisch, warteten wir auf den Startschuss zum Schwimmen. Die Strecke war neun Kilometer lang, und das im – für mich – grausig kalten Rhein.

Von Anfang an spürte ich, dass irgendetwas nicht stimmte. Doch ich konnte mir dieses Gefühl nicht erklären, ich hatte vier Stunden hervorragend in einem richtigen Bett durchgeschlafen und war mit dem Gefühl aufgestanden, dass nun »meine Zeit« in diesem Wettkampf gekommen sei. Ich freute mich darauf, die Herausforderung um den Sieg mit den beiden Führenden Urban Schumacher und Beni Lindberg anzupacken. Der dritte Platz sollte mein ›Sieg‹ werden! Kurz vor dem Start bemerkte ich, dass ich meinen Datachip nicht am Fussgelenk angebracht hatte. Aufgeregt erkundigte ich mich bei Funktionären was ich nun tun könne. Mit viel Stress besorgte ich mir einen Ersatz. Völlig ausser Atem kam ich gerade noch rechtzeitig zum Start. Endlich im Wasser suchte ich nach meinem Rhythmus, fand ihn nicht, geriet in Panik, spürte meine Atemnot, legte mich auf den Rücken, liess mich von der Strömung des Flusses tragen, liess mich treiben, versuchte mich zu entspannen, dachte an die Ente, drehte mich um und begann wieder loszukraulen. Doch sofort stellte sich wieder diese Angst ein, ich drehte mich abermals um, liess mich noch einmal treiben, redete mit mir, und begann erneut zu kraulen. Wieder und wieder probierte ich meinen Rhythmus zu finden. Ich sah die anderen an mir vorbeiziehen, nun kamen schon die ersten Teamschwimmer, die eine halbe Stunde nach uns gestartet waren. So viel Zeit hatte ich also schon verloren. »Eigentlich kann ich aufhören«, dachte ich, »was soll das Ganze noch? Nein, lass dich nicht aus der Ruhe bringen, nutze die Strömung, sie wird dich ins Ziel treiben.« Doch mein Atem wurde immer kürzer, ich begann zu röcheln und hatte das Gefühl unterzugehen. In meiner Panik rief ich ein Rettungsboot.

Ich wurde sofort ans Ufer transportiert, nur leider ans falsche. Dort wartete ich auf medizinische Hilfe. Doch niemand kam. Ich befand mich in einem äusserst bedenklichen Zustand, bekam kaum Luft und dachte, das sei nun das Ende. In meinen Gedanken raste mein ganzes Leben noch einmal an mir vorbei. Für mich dauerte es eine Ewigkeit, bis endlich ein Arzt am anderen Ufer auftauchte, ein Boot organisierte, zu mir übersetzte und mir die lebensrettende Spritze mit dem krampflösenden Mittel gab. Ich hatte gerade meinen ersten Asthma-Anfall erlebt, und das beim Schwimmen, der Sportart, die mir am meisten Mühe bereitete. Ich konnte das schlicht nicht einordnen, obwohl mir meine Ärzte schon lange vorher Leistungsasthma diagnostiziert hatten. Ich wollte ihnen damals nicht so recht glauben und hatte sie ausgelacht. Als das Medikament zu wirken begann, probierte ich weiter zu schwimmen, bekam aber sofort wieder das Engegefühl und panische Angst vor einem erneuten Anfall. Mir wurde klar, dass ich aufgeben musste. Ich weinte, war zutiefst enttäuscht. Dafür hatte ich monatelang trainiert? Um beim Schwimmen aus dem Rennen geworfen zu werden? So kurz vor Schluss? Enttäuschung, Wut und Zorn beherrschten mich. Doch dann merkte ich, dass mein Hadern keinen Sinn machte. Das Rennen war zu Ende, und ich musste damit klarkommen. Ich musste lernen, Scheitern hinzunehmen, musste lernen, dass das Verlieren zum Siegen gehörte. Durch diese Erkenntnis wurde ich ruhig, gelassen, ja fast heiter. Wieder hatte ich Entscheidendes gelernt. Warum nur musste dies immer so schmerzhaft sein?

Der Tod meines Vaters — Nun bin ich hier bei meinem dritten RAAM unterwegs, ich pedale durch eine absolut traumhafte Landschaft im Südosten der USA. Eine Weite, die das Auge zum Reisen einlädt, ein tiefblauer Himmel, an dem sich vereinzelt weisse Wolken tummeln. Auf den sattgrünen Wiesen weiden Bisonherden. Die Strasse ist endlos lang und besteht aus Betonplatten mit breiten, tiefen Spalten. Asphalt wäre für meinen Hintern sicher angenehmer gewesen, als die vielen Rillen und Löcher. Doch die tiefe Weite entschädigt mich für vieles. Die Landschaft sieht aus, als würde sie sich ganz speziell für unsere Augen wie ein Teppich ausrollen, bis zum Horizont. Ich komme gut voran. Meine Crew im *pace car* unterhält sich blendend mit Musik und Albereien. 2001

Das wäre auch ein Land für meinen Vater gewesen. Er wollte immer nur Bauer sein – oder Farmer, wie man hier in den USA sagt – sein eigenes Land haben, Pferde, Schafe und Kühe. Ich glaube, das ist der Grund, weshalb meine Eltern jede freie Minute damit verbrachten, sich ein Ferienhaus in ihrer Heimatgemeinde zu bauen. Dieses Häuschen auf fast 1600

Metern Höhe wurde für uns alle zu einem ganz speziellen Nest. Dort oben fühlen wir uns heute noch wohl, auch wenn mein Vater nicht mehr dabei sein kann.

Trotz der Streitigkeiten, die ich mit meinem Vater während meines Erwachsenwerdens hatte, bemerke ich nun, wie ähnlich ich ihm bin. Auch ich bin ein ziemlich entschlossener, hartnäckiger, bisweilen dickschädliger Mann, zudem ein ›Grenzgänger‹, der gerne neue Herausforderungen sucht. Auch mein Vater war ein Grenzgänger zwischen den Welten. Er konnte Warzen wegbeten. Er konnte mit der Wünschelrute Wasser finden. Ich hatte ihn oft beobachtet, wenn er mit seiner Haselnussrute unterwegs war. Im Dorf lachte man ihn aus. Ich erinnere mich noch daran, dass er auf einem gepachteten Grundstück mitten auf einem Hügel neben dem Schafstall einen Brunnen fassen wollte. Er hatte die richtige Stelle mit der Wünschelrute gefunden und holte einen Mann, der ihm das Loch ausbaggern sollte. Dieser hub Meter um Meter aus, die Nachbarn gesellten sich dazu und lachten, ob mein Vater wohl ins Erdinnere wolle oder ob er durch die Erdkugel bohren wolle. Auch der Baggerfahrer hatte sein Vertrauen verloren und beschlossen, die Sache aufzugeben. Er stellte den Bagger ab.

»Schluss jetzt! Da ist kein Wasser.«

»Da ist Wasser. Ich weiss es. Noch drei oder vier Schaufeln!«

Der Baggerfahrer liess sich erweichen, startete den Bagger erneut und holte noch einmal einige Schaufeln Erde aus dem Loch. Dann war das Wasser da. Mein Vater schrie vor Freude. Es war eine unglaubliche Bestätigung für ihn.

Er redete manchmal auch von schwarzer und weisser Magie. Dass er den Teufel in der Nacht spüre und Ereignisse vorausahne. Er litt unter seinen Vorahnungen, wie er mir einmal erzählte, und er schämte sich für seinen Jähzorn. Die schlechte Energie, wie er ihn auch nannte.

SCOT
BIKE WORLD GACHNANG
BIKE WORLD GACHNANG
BIKE WORLD GACHNANG
BIKE WORLD GACHNANG

SCOTT

Am 4. Dezember 1999, zehn Tage vor meinem 39. Geburtstag, starb mein Vater unerwartet mit 62 Jahren. An seinem Sterbetag war er reiten gewesen, hatte sich danach auf die Couch gelegt, während meine Mutter in der Küche das Abendessen zubereitete. Plötzlich hörte sie ihn schwer atmen, fragte, was los sei, und als sie keine Antwort bekam, ging sie nachschauen. Mein Vater lag auf der Couch und war tot. Er war so gestorben, wie er es sich immer gewünscht hatte – durch den ›Kuss Gottes‹, wie er es nannte. Hatte er sich das zu sehr gewünscht? Mein Vater schien mir keineswegs lebensmüde gewesen zu sein. Aber was wusste ich wirklich von seinen tiefsten Gefühlen? Wie gut hatte ich ihn gekannt?

Mein Vater wurde am Freitag, den 8. Dezember 1999, in Salez, in der Nähe von Buchs (Kanton St. Gallen), mit einer grossen Anzahl von Trauernden beerdigt. Meine Schwägerin Daniela schrieb gemeinsam mit meinem Bruder Hannes den Nachruf. Da sich niemand von meinen Geschwistern in der Lage sah, den Nachruf vorzulesen, übernahm ich das. Ich musste mich sehr konzentrieren, denn ich war tief bewegt. In solchen Situationen merkt man, wie gut eine grosse Familie tut. Man trägt den Schmerz gemeinsam, Trauer verbindet mehr als alles andere, Zusammenhalt stützt und hilft bei der Überwindung des Schmerzes. Das erste Weihnachtsfest ohne meinen Vater war sehr seltsam, er fehlte uns sehr. Wir vermissten seine Grosszügigkeit, aber auch seinen Querkopf und seinen »Grant«. Im Januar und Februar fiel ich in ein mentales Loch. Ich war wie gelähmt, tat nur wenig, bewegte nichts. Ich dachte oft an ein Erlebnis kurz vor dem Tod meines Vaters.

Im Thurgau war ein kleiner Stall zu verschenken. Die einzige Bedingung lautete, dass man ihn abreissen und abtransportieren müsse. Mein Vater war sofort Feuer und Flamme für diesen Stall. Als ich davon hörte, dachte ich, dass dies wieder einmal eine typische Aktion meines Vaters sei. Er plante, den Stall bei sich wieder aufzubauen, um seine Heumaschinen darin unterzubringen. Dass meine Brüder, meine Schwager und ich ihm dabei helfen sollten, war mir sofort klar. Denn so war es immer gewesen: Mein Vater hatte irgendeine Idee, und wir mussten ihm bei der Realisierung helfen.

So kam es auch. Mein Vater organisierte zwei Spitzmaschinen und den alten klapprigen Fordbus meines Schwagers Horst. Da mein Vater nicht wagte, das alte Auto selbst zu steuern, musste ich das übernehmen. So fuhren wir an einem nebligen Novembertag in den Thurgau. Wir werkelten herum und spitzten die Träger so gut wie möglich heraus, aber darunter waren zwei grosse Träger aus Eisen, die sich uns widersetzten, die mein Vater aber unbedingt ausgraben wollte. Es wurde schon dunkel, und wir mussten an die Rückfahrt denken. Ich fragte meinen Vater, was denn so ein Eisenstück koste und er sagte:

»So um die 30 Franken.«

»Dann kauf' doch neue, das ist doch einfacher, als sich hier stundenlang abzumühen:«

»Du verstehst das nicht. Das ist halt meine Generation. Wir werfen nicht gleich den Pickel ins Feld.«

»Ich geb' dir das Geld. Lass uns gehen.«

»Das kommt gar nicht in Frage. Wir fahren morgen noch einmal her und dann schaffen wir das schon.«

»Das ist doch Blödsinn, wegen zwei solcher Eisen noch einmal herzufahren.«

»Wenn wir eine Spitzmaschine haben, schaffen wir es.«

»Aber ohne mich!«

Wir hatten inzwischen alles aufgeladen. Der Besitzer kam und war sehr zufrieden. Mein Vater gab ihm noch 100 Franken! Dabei hatte er gar kein Geld verlangt! Wir fuhren los.

»Für das Geld hättest du drei neue Eisen bekommen.«

»Es ist doch viel Material.«

»Ja, aber er wollte ja gar kein Geld.«

»Es geht nicht um das Geld. Das verstehst du nicht.«

»Was versteh' ich nicht? Dass du ›ichweissnichtwieviel‹ Geld ausgibst, um hierher zu fahren wegen dieser blöden Eisen, die du billig in einem Laden bekommst?«

»Aber die sind doch gut, die kann man noch brauchen.«

»Aber wir bringen sie nicht heraus.«

»Das schaffe ich schon.«

»Du fährst morgen nicht noch einmal.«

»Das lass' mal meine Sorge sein.«

»Versprich mir, dass du nicht noch einmal fährst.«

»Lass' gut sein.«

»Wenn du das machst,
dann zweifle ich an deinem Verstand.«

Wir stritten noch ein wenig hin und her im Auto, bis wir daheim ankamen. Ich half Vater beim Abladen, wir tranken ein Bier zusammen und dann fuhr ich heim. Für mich war die Sache gelaufen.

Zwei Tage nach seiner Beerdigung ging ich in den Schuppen und sah dort vier Eisen liegen. »Mama, sag' bloss, er ist noch einmal in den Thurgau gefahren.«

»Freilich.«

»Er hat doch versprochen, dass er es nicht mehr tut.«

»Du kennst doch deinen Vater!«

Ich starrte die Eisen an und mir wurde schlagartig bewusst, dass mein Vater tot war. Dass er nicht mehr da war. Dass es solche Geschichten mit ihm nie mehr geben würde. In mir brach der ganze Schmerz auf, den ich bisher nicht gespürt hatte. Er traf mich brutal und unvermittelt. Mein querschädliger und doch so liebenswerter Vater war tot.

Noch einmal? — Nach dem Tod meines Vaters war ich arg
2000 durcheinander, ich führte intensive Gespräche mit meinem Freund Christian Hoppe, dem ›Dökterle‹. Dabei kam immer wieder die Rede auf das RAAM. Der Gedanke an einen Sieg war noch immer in meinem Kopf. Doch nach der Erfahrung mit meiner zweiten Teilnahme war ich nicht sicher, ob ich diese Tortur noch einmal auf mich nehmen könnte, ob mein Körper und mein Geist dies verkraften würden. Ich teilte Christian meine Zweifel mit und wollte seine Meinung dazu hören. Ich hatte viel Vertrauen in unsere Freundschaft und wusste, dass er mich nicht anlügen würde.

»Traust du mir einen Sieg beim RAAM zu?«

»Absolut.«

»Warum bist du so überzeugt?«

»Weil du körperlich und mental stark bist, weil du Durchhaltevermögen hast, weil du diszipliniert bist. Deine grösste Stärke aber sind deine Freude und Begeisterung für das, was du tust.«

»Aber es hat bisher trotzdem nicht geklappt. Die Freude ist anscheinend nicht gross genug.«

»Das Team und ich, wir haben Fehler gemacht. Du hättest den Sieg in der Tasche gehabt.«

»Ich habe beim letzten RAAM die härteste und brutalste Niederlage als Sportler erlebt. Nach so einer Tortur nicht einmal zu den ersten Drei zu gehören. Vierter zu werden!«

»Wir haben versucht, das Konzept eines anderen zu kopieren, haben zu lange starr an seinem Zeitkonzept festgehalten, das hat uns blockiert.«

»Ich war so überzeugt von meinem Sieg. Noch 300 Kilometer vor dem Ziel dachte ich, ich würde Dritter. Die Niederlage war der Hammer!«

»Du bist Vierter geworden, das ist auch eine grosse Leistung. Viele stehen das RAAM nie durch.«

»Ich will das Rennen aber gewinnen. Ich will Erster werden! Es ist mein Traum, verstehst du?«

»Worauf wartest du?«

»Aber ich werde dieses Jahr 40.«

»Na und?«

Das war der Moment, in dem ich mich innerlich für die dritte Teilnahme am RAAM entschied. Lange hatte ich mir eingeredet, ein Versager zu sein, zu schwach und zu weich für einen RAAM-Sieg. Wie gerne glaubte ich der Aussage vom ›Dökterle‹, dass er als Arzt, zusammen mit dem Team, die Fehler gemacht habe. Doch nun, nach diesem Gespräch und meiner Entscheidung, es nochmals zu versuchen, wurde mir klar, dass auch ich ein Teil dieses Teams war und Anteil an den Entscheidungsprozessen hatte – und damit einen Teil der Verantwortung trug. Allzu lange hatte ich mich mit dem Glauben beruhigt, dass das Team die Fehler zu verantworten habe. Damit hatte ich mich selbst betrogen und verhindert, die richtige Einstellung und die richtige Verarbeitung zu finden. Ich hätte ja damals jederzeit meine eigene Meinung einbringen und durchsetzen können. Ich war einfach zu bequem gewesen, zu feige, eine Mitverantwortung zu übernehmen. Das sollte nun anders werden.

Ich begann zu trainieren und bekam grosse gesundheitliche Probleme. Ich hatte ständig Rückenschmerzen, wanderte von einer Therapie in die nächste. Die Krankenkasse weigerte sich bereits, diese Therapien zu bezahlen. Ich versuchte, den Verantwortlichen meine starken Schmerzen begreifbar zu machen. »Wie Ischias«, erklärte ich. Doch keine Rückentherapie nützte. Da diagnostizierte eine Physiotherapeutin *Dysbalancen*.

Triggern, Trigger-Punkt: Druckschmerzhafter Punkt innerhalb eines verspannten Muskels. Der Schmerz kann dabei auch in andere Körperregionen fortgeleitet werden und zu Fehlfunktionen führen. Durch gezielten Druck auf den Punkt (›triggern‹) kann sich ein solcher lösen und damit die Schmerzen zum Verschwinden gebracht werden.

Das hiess: Meine Bauchmuskeln waren wegen des vielen Fahrens verkürzt, daher kämen meine Rückenschmerzen. Sie ›triggerte‹ meine kräftigen Bauchmuskeln. Ich musste ausserdem viele Dehnübungen machen, die ich noch nie besonders gemocht hatte. Doch es half und allmählich spürte ich eine Besserung.

Im Juni 2000 fuhr ich das Langstreckenrennen Paris–Bern mit 584 Kilometern in neuer Rekordzeit. Ich litt dabei unter heftigen Muskelschmerzen im unteren Rücken und im Gesäss. Doch ich war überzeugt, dass ich sie bis zum RAAM in einem Jahr in den Griff bekommen würde. Von meinem Umfeld wurde ich jedoch nicht gerade ermutigt. Im Gegenteil: »Du bist auch nicht mehr der Jüngste«, hiess es, und »Das hast du nun von deinen Extremeinsätzen. Es ist Zeit aufzuhören und etwas Vernünftiges zu tun.«

Hatten sie recht? War ich wirklich zu alt für derartige Leistungen? Ich spürte noch soviel Kraft in mir und soviel Freude am Radfahren, die mein Umfeld nicht wahrhaben wollte. Warum verstand mich niemand?

In mir machte sich Trotz breit. Wieso massten sich andere Leute an, mir zu sagen, dass meine Zeit abgelaufen war? Das Ende meiner Karriere bestimme ich! Es ist ja nicht bloss der Gedanke an den Wettbewerb und einen möglichen Sieg, der mich vorantreibt, sondern auch die gelebte Freude und Begeisterung an der Bewegung, an meinem Tun.

Dann kam am 14. Dezember 2000 mein 40. Geburtstag, und ich war innerlich unruhig. Der Gedanke an das RAAM beschäftigte mich. Es war, als kenne man seinen Gegner und studiere ihn bis ins Innerste. Doch nicht nur mit der Strecke setzte ich mich auseinander, auch mit meiner Psyche. Was drängte mich zum Sieg? Was würde mir der Sieg beim RAAM bedeu-

223

ten? Was würde das dritte RAAM bringen? Hatte ich im ersten RAAM halluziniert, so hatten beim Zweiten meine Gefühle, mein Gespür, meine Urängste im Mittelpunkt gestanden. Und nun? Was würde mich erwarten?

Ich sammelte noch einmal all meine Kraft. Suchte nach einem neuen Team. Suchte nach Sponsoren, fand die Agentur Network of Sports AG von Andy Wenzel, die mir diese Arbeit abnahm. Die Tatsache, dass ich Menschen fand, die mit mir am selben Strick zogen und an mich glaubten, gab mir Zuversicht. Nun war ich innerlich überzeugt, dass ich auf dem richtigen Weg war. Ich wurde wieder gelassen und ruhig.

Die Einstellung ist alles — So gelassen und ruhig bin ich jetzt bei meinem dritten RAAM unterwegs. Auch nach mehreren 1000 Kilometern noch. Insgesamt bin ich nun über 500 Kilometer lang die gleiche Strecke wie zwei Jahre zuvor gefahren. Und doch ist alles komplett anders gewesen. Franz hat mir mit der Geschichte vom ›Beppo Strassenkehrer‹ aus Michael Endes Märchen ›Momo‹ den Spiegel vorgehalten. 2001

Wenn man die Umstände nicht ändern kann, muss man seine Einstellung dazu ändern. Ich denke daran, wie ich kurz vor dem Start mit Schrecken festgestellt habe, dass das gesamte Verpflegungskonzept auf dem Mittel *Ensure Vanille* aufgebaut war. Meine Crew hatte dieses aromatisierte Eiweissgetränk kiloweise aus der Schweiz mitgenommen. Dabei hatte ich mich am ersten RAAM 1998 vor zwei Jahren vor diesem Vanille-*Ensure* geekelt. Am zweiten Tag im heissen Arizona hatte ich 31 Liter Flüssigkeit zu mir genommen. Viel zu viel! Dauernd stiess mir die Substanz auf. Doch unser ganzes Konzept war auf diesem Getränk aufgebaut. Ich konnte es nicht mehr ertragen. Ich streikte. So musste die Crew des Wohnmobils *Powerbar*-Riegel besorgen. Aber auch diese waren für mich wie ein rotes Tuch. Als die Riegel Anfang der neunziger Jahre auf den Markt kamen, brachte sie mir ein Freund von einer USA-Reise mit. Ich war mit ihm und anderen Bekannten drei Tage auf dem Bike im Engadin unterwegs gewesen, bei der ersten Etappe hatten wir uns kräftig verfahren und kamen in die Dunkelheit und einen ›Hungerast‹ hinein. Da zog Fritz die neuartigen Riegel aus dem Rucksack. Sie sollten wahre Wunder wirken. Kommentar von Stephan und mir: »Bevor wir so einen Riegel essen, nagen wir einen Tannenzapfen ab.«

Beim ersten RAAM ernährte ich mich dann 24 Stunden von diesen Riegeln. Aber ich produzierte in meinem Körper Unmengen von Gas. So verweigerte ich auch die Riegel. Von da an ass ich Bananen, Schokoriegel, Pizzas, alles, was die Crew auftreiben konnte. Mit Vorliebe aber ass ich ungerösteten Toast, diese Schwämme von Brot. Dazu Honig. Der ganze *pace car* war mit Honig verklebt. Auf Grund meiner Ernährung musste ich sehr oft auf die Toilette. Damit begann ein weiteres Problem. Mein Hintern war offen, jeder Stuhlgang konnte für eine Infektion sorgen.

Um dieses Problem zu vermeiden, hatten wir beschlossen, es bei diesem dritten RAAM noch einmal mit der Flüssignahrung zu versuchen. Und dann habe ich in Portland kurz vor der Abfahrt festgestellt, dass ich nur Vanille-*Ensure* zu trinken bekommen würde. Sofort hatte ich ein Würgegefühl im Hals. Was tun? Neues kaufen? Nein, ich ging in mich und fragte mich, was ich gegen Vanille habe. Ich sagte mir: »Es gibt nichts anderes. Ich habe es so bestellt, wegen meiner eigenen Dummheit, weil ich gesagt habe, ich wolle irgendso ein ›Helles‹, womit das Neutrale gemeint war, die Crew dachte aber an Vanille. Ein klassisches Missverständnis, entstanden aus unklarer Kommunikation. Nun musste ich auch für meine Ungenauigkeit die Verantwortung übernehmen. Das war – nach der Erkrankung in Mallorca – meine zweite Prüfung für dieses RAAM. Ich hatte beide Prüfungen gewonnen. Ohne jeden Stress. Ich war zufrieden.

Solche Einstellungsänderungen sind aber nur in ausgeruhtem Zustand so leicht möglich. Während des RAAMs kostet das viel mehr Energie. Deshalb ist es so wichtig, schon vorher die richtige Einstellung zu haben.

Wichtig war mir auch immer die Kommunikation. Ich rede gerne. Deshalb war das erste RAAM ohne jegliche Kommunikationsmöglichkeit eine gigantische Herausforderung für mich gewesen. Ich hatte tagelang nur das Zirpen irgendwelcher Grillen in den Ohren. Ich war mit meinen Gedanken und meinen psychischen Zuständen fast ununterbochen alleine. Ich weiss heute nicht mehr, wie ich das ausgehalten habe. Es ist bis heute meine grösste mentale Leistung. Fürs zweite RAAM hatten wir eine *one-way*-Kommunikation gebaut. Das war dann aber vor allem für mich ungemein frustrierend, weil die Crew zwar mit mir reden konnte, ich aber nicht mit ihr. So war ich fast neun Tage einem Monolog mit wechselnden Sprechern ausgesetzt, was für mich schlimmer war, als das Alleinsein auf dem Velo, schlimmer als die Nicht-Kommunikation beim ersten RAAM. Für dieses dritte RAAM hatten wir nun eine Luxusversion gebaut. Ich konnte jederzeit mit dem Team im *pace car* reden und war mit jedem Atemzug im *pace car* zu hören. Ein weiteres Problem während des RAAM ist das Schlafen in Motel- oder Hotelbetten, denn diese sind kaum zu finden wenn man sie braucht, da die Route meist über wenig befahrene Strassen führt. Um dieses Schlafproblem zu umgehen, hatten wir schon beim zweiten RAAM eine Schlafmöglichkeit im *pace car* vorgesehen. Dieses Jahr war das Bett

– dank des Schreiners Stephan – sehr viel komfortabler, zudem gab es neu auch eine integrierte Campingtoilette. Ich habe also eine richtige kleine Wohnung ständig bei mir. Das gibt mir die Sicherheit, dass ich mich sofort schlafen legen kann, wenn ich das Bedürfnis danach verspüre. Welch ein Luxus auf dieser harten Tour!

Weit ist die Prärie! — Ich bin immer noch unglaublich gut
2001 unterwegs. Unser Zeitkonzept funktioniert bestens. Die ersten 40 Stunden von Portland in Oregon bis Snowville in Utah bin ich nur mit kurzen Stopps durchgefahren. Ich habe den höchsten Punkt des RAAM überwunden, den Tennessee-Pass mit seinen circa 3100 Meter über dem Meeresspiegel. Die Temperaturen waren eisig, die Strasse zum Pass zog sich in langen Windungen hinauf und war extrem anstrengend zu fahren. Ich habe geflucht, wie schon lange nicht mehr. Immer wenn ich gefragt habe, »Wie lange dauert das denn noch mit dieser Schinderei?«, sagte mir einer aus dem *pace car*: »No's chlii bitzili«. Was mein Team unter dem »kleinen bisschen« verstand, wusste ich, als ich endlich auf der Passhöhe war. Die knapp zweistündige Schlafpause hatte ich mir mehr als verdient! Ich hätte es nicht geschafft, den Pass in der Nacht auch noch hinunter zu fahren.

Doch dann rollte ich wieder. Die weite Prärie am Rio Grande National Forest entlang, auf rund 2200 Metern Höhe, mit dem säuselnden Wind war eine Wohltat. Ich war hellwach im Kopf und hatte unendlich Spass am Fahren, obwohl nach 2000 Kilometern mein Hintern wieder einmal offen war und entsprechend schmerzte – nach den Erfahrungen vom ersten RAAM hatte ich schon fast darauf gewartet. In dieser Phase begann sich die neu aufgebaute Kommunikation mit der Internetseite und den E-Mails segensreich auszuwirken. Anita, die Journalistin im Team, hatte auf der Website meine Schmerzen und den offenen Hintern erwähnt. Sofort kamen Dutzende von E-Mails, in denen ich getröstet wurde.

»Hast du schon probiert, Steaks unter deinen Arsch zu klemmen? In Geschichte hab ich mal gelesen, dass die Hunnen auf ihren langen Ritten von Ross zu Sattel und Sattel zu Arsch mit Fleischstücken gepolstert haben. Fleisch zu Fleisch. Beiss dich fertig, beiss dich durch, denn das Rennen läuft noch voll und du bist erst fertig, wenn du wieder zuhause bist.«

Mein offener Arsch wurde daheim zu einem nationalen Thema. Auch die Schweizer Medien bedienten sich von unserer Website und berichteten über die Situation. So bekamen wir von überall her entsprechende Aufmunterungen und gute Ratschläge.

»Hallo Andrea, hier ist Norman, der rothaarige Bankdirektor aus Berlin, der mit dir auf Mallorca gefahren ist.« Norman! Ich erinnere mich bestens an ihn. Er ist ein guter Typ und war selbst Rennfahrer.

»Fahren, fahren, fahren – nicht umschauen. Wie bei den Strassenrennen mit einem kleinen Vorsprung vor den Verfolgern kurz vor dem Ziel – nicht umschauen, sondern weiterfahren. Es geht nicht um die Anderen, Du bist dein eigener Massstab, du bist der Massstab für alle und nicht umgekehrt. Du kannst durchkommen, ohne umschauen zu müssen und ohne irgend ein anderes Hinterrad zu sehen. Demoralisiere all jene Zweifler, jene Besserwisser, die es eben nicht besser wissen. Zieh das Ding durch – du kannst es. Warte nicht auf die Krise, sie wird nicht kommen. Du bist der erste, du hast den Willen und du hast die Substanz. Lass alle wissen, unmenschliche Leistungen kann auch ein Mensch vollbringen, der ein menschenwertes Leben führt und nicht nur Sklave einer Mission ist. Mach deine Familie stolz, mach Hürzelers Mallorca stolz, all die Fahrer, die mit dir über die Insel fuhren und fahren werden. Dein Team und mich auch. Ich will im nächsten Frühjahr mit Andrea Clavadetscher, dem Sieger des RAAM 2001, trainieren. Darauf freue ich mich. Alles Gute und *keep on rollin'*.«

Wie ein Blitz durchfuhren mich diese Worte und erfüllten mich mit Kraft. Diese Anerkennung, dieser Glaube an mich gab mir enorme Kraft. Das sind Energien, die meinen Körper beflügeln. Am Ende des Rennens hatte ich über 2000 E-Mails bekommen. Eines, das mich emotional stark berührte und auch schweizweit für Aufsehen sorgte, war dies:

Die Nachricht über Ihre Führung im RAAM hat mich sehr gefreut. Was Sie bisher geleistet haben, ist in jeder Hinsicht beeindruckend und verdient höchsten Respekt und Anerkennung. Für die weiteren Renntage, die Körper und Geist nochmals alles abverlangen werden, wünsche ich Ihnen alles Gute. Der Erfolg ist nahe – das grosse sportliche Ziel, für das Sie hart gearbeitet und auf vieles verzichtet haben, ist nicht mehr nur ein Traum, sondern kann Wirklichkeit werden. Diese Zeilen aus dem Bundeshaus mögen ihnen Ansporn und Hilfe sein, die noch bevorstehenden schwierigen Phasen des Rennens durchzustehen. In der Zuversicht, dass Sie zusammen mit Ihrer unermüdlichen Crew die Führung bis zum Ziel in Florida behaupten können, verbleibe ich

Mit freundlichen Grüssen
Kaspar Villiger, Bundesrat

Wie unendlich gut das tat! Ein Bundesrat redete davon, dass ich hart gearbeitet hatte, das war wie eine offizielle Anerkennung meines Tuns, wie ein Orden oder ein Siegespokal.

Der Countdown – Ich bin sehr harmoniebedürftig und glücklich, wenn sich meine Crew im *pace car* gut mit Musik und Spässen unterhält. Wie wichtig diese Stimmung im Auto hinter mir ist, wird mir immer wieder klar, wenn nicht geredet oder Missmut spürbar wird. Je nach Crew ist die Stimmung verschieden. Ich merke, dass ich in den letzten Tagen des Rennens, vor allem nachts, die ›alte‹, vertraute Crew brauchen werde: Wisi, Andi und ›Dökterle‹. Sie kennen mich durch und durch, wissen genau, welcher Ton mir hilft und welcher Satz wann gesagt werden darf. Man wird unglaublich dünnhäutig und durchsichtig bei so einem Rennen. Ich kann keine Gefühlsregung verbergen, das Verstecken würde mir zuviel Energie rauben. Alle Gefühle, die sich einstellen, fordern ihre Präsenz, wollen gelebt sein. Gefühle haben eine unglaubliche Kraft. Wut oder Zorn treiben an, Freude und Wärme sind wie das Fett in meiner Hose, das mir in dicken Schichten immer wieder auf die Haut geschmiert wird und die Schmerzen vom Sitzen und Scheuern lindern soll. Liebe ist wie Rückenwind, Sympathie wie Scheibenräder, und bei jedem Tritt wirkt die doppelte Kraft, ohne dass ich etwas dazutue. 2001

Ich weine viel, wie schon bei den anderen beiden RAAM. All jene Gefühle oder Spannungen, die bisher irgendwo geparkt waren, dürfen sich lösen. Es ist ein Reinigungsprozess: Mein Körper und meine Seele leeren sich, mein Körper erhält Flüssigkeit zurück, damit er die notwendigen Feinstrukturen zum Funktionieren hat. Meine Seele bleibt zunächst leer, übergibt an den Geist, der sie mit all jenen Annehmlichkeiten füttert, die wiederum sofort in Treibkraft umgesetzt werden. Damit bei diesem Prozess keine Überraschungen auftauchen, war es gut, den Geist mit Meditation zu schulen.

Eine Schlafpause. Ich sinke auf die Liege im *pace car*. Christian verarztet meinen Hintern, Wisi hält meine Hand. Ich fühle mich wie ein Kleinkind, das wund ist. Man hat mich ausgezogen, verbunden, zieht mich wieder an, deckt mich zu. Beim Hinüberdämmern sehe ich noch das Bild meines Vaters an der Wand kleben, grüsse ihn wortlos und schon schnarche ich. Während ich schlafe, ruht meine Crew sich ebenfalls aus, geht etwas essen oder pflegt mein Fahrrad. Das Unterwegssein mit drei Fahrzeugen ist praktisch. Der *pace car* muss immer hinter mir herfahren. Er ist meine Plazenta! Meistens sind drei Personen im Auto, die sich im Rotationsprinzip ablösen: der Fahrer, der Beifahrer, der zugleich Entertainer, Navigator und Fütterer ist, und dann auf dem Rücksitz ein Teammitglied, das meine Drinks aus dem Kühler nimmt und in die Plastikbecher füllt oder zur Unterhaltung beiträgt. Ich habe meine Teams nummeriert.

Team 1
Christian (Teamchef)
Andi (Physiotherapeut)
Wisi (Technik)

Team 2
Axel (Elektronik)
Stephan (Technik)
Evert (Masseur)

Diese zwei Teams wechseln sich rund alle 12 Stunden ab. Während sich das eine Team zum Schlafen ins Wohnmobil legt, fährt das andere Team im *pace car* hinter mir her. Dafür bleibt das Wohnmobil auch mal vier bis fünf Stunden an einem Ort stehen. Für das Wohnmobil ist Team 3 zuständig:

Jeannette (Fahrerin)
Martina (Fahrerin und Masseurin)
Robert (Fahrer)

Diese drei sind zuständig für das Waschen meiner Sachen, für meine Zuckerwasserlösungen, die rechtzeitig angerührt werden müssen, für das Essen der gesamten Crew, das Entleeren der Toiletten und des Waschwassers aus dem Wohnmobil und sonstige Spezialaufgaben.

Das dritte Auto ist der ›Medien Car‹. Darin fahren ebenfalls drei Personen: Roland, der Fotograf, Verena, die Videofilmerin, und Anita, die Journalistin. Diese drei haben die härtesten Bedingungen bezüglich Schlafen, denn oft ist weit und breit kein Quartier zu finden, und im Auto selbst gibt es keine Schlafgelegenheit. Zudem muss der Fotograf spätestens um 6.00 Uhr bei mir sein, um das Morgenlicht für die Aufnahmen zu nutzen und dann wieder ab 17.00 Uhr am Abend, um das Abendlicht einzufangen. Die Journalistin muss daneben Berichte schreiben und rechtzeitig abliefern, was sich wegen der Zeitverschiebung oft mit den Zeiten des Fotografen in die Quere kommt. Dazu liegt die Verantwortung für das Abholen der E–Mails bei den Leuten des Mediencars. Das Thema Internet ist in den weiten *outbacks* der USA ein Dauerbrenner und eine stete Herausforderung; denn Internetcafés oder dergleichen gibt es nirgends. So sind die Medienleute immer auf den guten Willen von Privatleuten angewiesen, die ihnen den Internetzugang gewähren.

Christian weckt mich. »Clavi, Schätzeli, uuffstahh!« Ich öffne die Augen, weiss im Moment nicht, wo ich bin. Ich werde angezogen, jemand wäscht mir das Gesicht, streckt mir eine Zahnbürste hin, mit der ich mechanisch an meinen Zähnen rubble, ich spüle den Mund, spucke das Spülwasser in die bereitgehaltene Schüssel, stehe vorsichtig auf, stütze mich auf Wisis Schulter und steige aus dem *pace car*. Es ist dunkel und warm. Ich steige aufs Rad und fahre schlaftrunken los.

Ein neuer Start. Ein neues Rennen. Ein neues Leben. Je mehr ich trete, desto wacher werde ich. Ich hebe den Kopf und blicke um mich. Vor mir am Horizont die ersten orangeroten Streifen des neuen Tages. Die Strasse ist leicht geschwungen, aber ziemlich eben, links und rechts von mir dehnen sich grüne Wiesen aus. Die Kraft der aufgehenden Sonne und der erwachenden Natur geben mir eine unglaubliche Energie, und ich fahre mit einer Leichtigkeit, als hätte ich eben acht Stunden geschlafen. Dabei waren es gerade mal 50 Minuten.

Ich spüre meinen Rhythmus, den ich bei diesem dritten RAAM von Anfang an gefahren bin. Meinen Rhythmus. Das Einfachste, was es gibt. Und doch: Der Rhythmus alleine ist es nicht, dass ich neun Stunden Vorsprung herausgefahren habe. Wir arbeiten auch bei diesem RAAM wieder mit einem klaren Zeitkonzept. Aber diesmal haben wir realistische Ziele und passen das Konzept in dringenden Fällen meinen Bedürfnissen an. Es ist dieser Mix aus Plan und Flexibilität, der sich nun auszuzahlen scheint.

Und doch ist es nicht einfach, mich selbst immer wieder zu motivieren. Ich habe ja keine Gegner, die ich einholen muss oder die mir am Hinterrad kleben. Mit meinem Vorsprung kann ich ganz gemütlich weiterfahren. Deshalb setzen wir uns immer wieder neue Ziele. So das Erreichen einer *time station* – von denen es insgesamt 54 gibt – in einer bestimmten Zeit. Ein neues grosses Ziel ist die Idee, eine Zeit von unter neun Tagen zu fahren. In meiner Siegerzeit soll vorne eine Acht stehen. Ein Ziel, das mir sinnvoll genug erscheint, um daraus neue Motivation zu schöpfen. Mir ist aber auch klar, dass ich nicht um jeden Preis an diesem Ziel festhalten werde. Bevor ich zusammenbreche, werde ich rasten! Ausserdem habe ich eines gelernt: Wenn das Ziel festgelegt ist, muss ich es wieder loslassen, mich nur auf den Weg konzentrieren. Sonst fahre ich

Race A
FI
ENSURE

ENSURE
ross AMerica
NISH
ENSURE

unter Stress, was verheerende Folgen haben kann. Mein Körper reagiert dann nicht effektiv und schnell auf die Befehle des Geistes, und wenn der Geist nicht ruhig und stressfrei ist, kann er umgekehrt die Signale des Körpers nicht auffangen. Stress führt bei mir zu einer benebelten Wahrnehmung, zu verlangsamten Reaktionen und zu einer nachlässigen Koordination. Kurz gesagt: Stress kann ich mir nicht leisten!

Noch 1000 Kilometer – Endspurt. Das heisst von Zürich bis Hamburg fahren. Das ist greifbar, das ist nicht mehr weit. Ich habe rund 12 Stunden Vorsprung vor den anderen Fahrern. Könnte mich also ruhig etwas ausruhen. Doch ich will nicht. Ich habe ja ein neues Ziel. Also muss ich dran bleiben. Mein neuer Gegner ist die Uhr. Ob auch dieses Unvorstellbare wirklich werden kann? Ich erinnere mich an ein Erlebnis im Herbst 1998. Zwei Monate nach dem erstem RAAM fuhr ich in der Toscana Rad. Ich war schon 40 Kilometer unterwegs, da sah ich ein Schild ›Siena 30 km‹. Ich dachte: »Ist ja nicht weit, nichts wie hin.« Also radelte ich zügig weiter, ass in der Stadt etwas, trödelte herum und verlor jegliches Zeitempfinden. Plötzlich merkte ich, dass es leicht zu dämmern begann. Für den Rückweg hatte ich 70 Kilometer vor mir. Und kein Licht am Rad. Es war mein letzter Ferientag mit meiner Familie, wir wollten am anderen Morgen um 5.00 Uhr nach Hause fahren. Ich begann in die Pedale zu treten. Je mehr ich mich abkämpfte, desto mehr packte mich die Panik. Der Rückweg wurde zum blanken Horror. Ich dachte, ich schaffte es nicht, ich käme nie zurück nach Sasso Pisano. Urplötzlich bekam ich Hunger und Durst. Ich hielt an, schüttelte mich, um diesen Albtraum loszuwerden, und dachte: »Wie war es möglich, dass ich vor zwei Monaten den amerikanischen Kontinent durchfahren hatte und jetzt 2001 hysterisch werde wegen 70 Kilometern?« Der Gedanke an das RAAM gab mir Kraft, ich fand die Ruhe wieder, wechselte meine Einstellung zur aktuellen Situation und bin – gut angekommen.

Die mentale Kraft ist entscheidet. Nach den ersten beiden RAAM wurde ich oft gefragt: »Wie kann man mit so wenig Schlaf so viel leisten? Auch das ist eine Frage der Einstellung. Ich wusste ja von vornherein, dass es nur neun Tage dauern würde. Neun Tage, das ist überschaubar. Klar, ich missachte dabei alle Gesetze, betreibe körperlichen Raubbau. Doch ich bin dabei geistig völlig wach. Wie das möglich ist? Das geht nur, wenn man sich im Raum bewegt und mit der Zeit fliesst. Dann gibt es keine starren Strukturen mehr, es ist nicht wichtig, ob es Morgen, Mittag oder Nacht ist. Man tritt aus dem Alltag, aus der strukturierten Zeit in eine Dimension, in der anderes wichtig ist. Bergsteiger halten Brutaleres aus. Sie sind am Berg dem Tod näher als ich auf der Strasse. Am Berg gibt es zudem nur die eingeschränkte Wahl: kämpfen oder untergehen. Es gibt keinen *pace car,* der einen im Notfall aufnimmt.

Ich könnte jederzeit absteigen, aufhören, mich hinlegen. Aber ich tue das nicht. Meine Leistung besteht auch darin, freiwillig einer ständigen Versuchung zu widerstehen. Natürlich verlangt der Körper nach Schlaf, aber er bekommt ihn nicht. Er bekommt ihn erst dann, wenn ich es erlaube (oder Christian es anordnet). Dieses Gefühl von Freiheit, von eigener Entscheidungsbefugnis ist mir sehr wichtig. Genauso wichtig sind aber auch die Struktur, das Ziel. Ich brauche klare Vorgaben, wie zum Beispiel: 40 Stunden am Stück zu fahren. Das hilft ungemein, damit wird der Weg leichter. Während des Fahrens ist mir das Gefühl wichtig, dass ich das, was ich tue, für richtig und sinnvoll halte. Wenn das nicht der Fall ist, habe ich auch keine Kraft, irgendetwas durchzustehen.

Ich bin ein Produkt unserer Leistungsgesellschaft. Ich habe Lust auf Leistung. Mir macht Leistung Spass. Ich leiste sogar gerne möglichst viel, sofern mir das sinnvoll erscheint. Dafür nehme ich auch Schmerzen in Kauf, bin bereit den Preis zu zahlen. Im Ausdauersport suchen die wenigsten Athleten die Todesnähe. Den Todeskick sucht man beispielsweise beim Bungee Jumping. Aber die meisten von denen, die sich diesen Kick holen, sind nicht bereit, mehr als Geld für ihren Kick zu bezahlen. Sie wollen den schnellen schmerzlosen Kick. Der gekaufte Kick gibt aber keine wirkliche Befriedigung, sondern gebiert den Wunsch nach noch mehr. Erst wenn man sich etwas erarbeitet, wenn man etwas ›erdauert‹, wird es wertvoll, erst dann bekommt es Qualität.

Noch 500 Kilometer – Wie wird es sein, im Ziel? Schaffe 2001
ich es überhaupt? 500 Kilometer sind so wenig und doch plötzlich so viel. Es ist gefährlich, wenn der Geist sich schon im Ziel wähnt und den müden Körper alleine lässt. Wieder denke ich an meine Niederlage beim zweiten RAAM. So lange geführt und dann Vierter! Der dümmste Platz! Ich kam nach fast 5000 Kilometern nachts an. Zwei Funktionäre erwarteten mich. Sonst war niemand da, als ich über die Ziellinie fuhr. Ein Fremder gratulierte mir in einer mir fremden Sprache. Meine Crew umringte mich und klopfte mir auf die Schultern. In mir nichts als eine riesige Einsamkeit. Wie wird es diesmal sein? Ich beschliesse, noch einmal 24 Stunden am Stück zu fahren. Das neue Ziel hat mir neue Kraft gegeben. Irgendwann beginne ich zu rechnen. Das ist eine wunderbare Art, das Gehirn zu beschäftigen. Ich versuche auszurechnen, welchen Schnitt ich fahren müsse, um mit einer bestimmten Zeit ins Ziel zu kommen. Ich nage an den Zahlen herum, rechne immer wieder neu, bringe es nicht wirklich zustande, fluche innerlich und denke:

»Das darf doch nicht wahr sein, dass ich nun nicht einmal mehr rechnen kann!« Die Crew unterstützt meine Rechenversuche, denn diese halten meinen Kopf aktiv. Auch das Vorlesen der E-Mails wird für mich zur Denkarbeit. Denn ich versuche mir bei jedem E-Mail den Absender vorzustellen, hole ihn mir gedanklich heran und erlebe so die geschriebenen Worte, als wären sie vom Absender gesprochen.

Noch 250 Kilometer — Es nimmt kein Ende. Ich will nicht
2001 mehr wissen, wie weit es noch ist. Wie problemlos liessen sich bisher die 4800 Kilometer in Häppchen zwischen Schlafpausen unterteilen. Am Anfang 40 Stunden, später 12 Stunden bis zum nächsten Nickerchen ... Ziele, die auf meinen persönlichen Rhythmus abgestimmt waren. Diese Zeithäppchen wiederum wurden von Trinkzeiten – jede Stunde ein *Ensure*, jede halbe Stunde ein Maltrodextrin-Drink – und Ruhepausen von 20 bis 100 Minuten unterbochen. Dadurch schienen die Strecken kürzer, als sie waren. Doch dieses Konzept ist ganz auf mich zugeschnitten. Jeder Mensch hat sein eigenes Zeitmass. Ich bin wirklich im Endspurt, wir erhalten bereits die ersten Gratulationen: »Unsere herzlichen Glückwünsche zu deiner unglaublichen Leistung und der Erfüllung deines Traumes. Du hast der ganzen Welt gezeigt, ›die Grösse eines Menschen erkennt man an der Grösse des Problems, an dem er aufgibt‹. Mit deinem Einsatz hast du vielen Menschen die Motivation und ein Beispiel geliefert, worauf es im Leben ankommt. Das INNOmed Team«

Der Schweizer Bundesrat Kaspar Villiger hatte es vorgemacht, dass ein Politiker sich durchaus zu sportlichen Höchstleistungen äussern darf. Nun kommen auch einige offizielle E-Mails aus Liechtenstein:

S.D. Erbprinz Alois und I.K.H. Erbprinzessin Sophie haben mich gebeten, Ihnen ein E-Mail zukommen zu lassen:

Sehr geehrter Herr Clavadetscher,

Mit grosser Spannung verfolgen wir das Race Across America und freuen uns sehr, dass Sie nach wie vor in Führung liegen. Wir wünschen Ihnen auch im Namen der gesamten Familie für die letzten Meilen viel Kraft und weiterhin alles Gute.

Louis und Sophie

Sabrina Hacker,
Sekretariat S.D. des Fürsten von Liechtenstein

Und dieses hier:

Es ist fast geschafft! Wir wissen, welch grossartige Leistung Sie bisher vollbracht haben und möchten ihnen hiermit allerbesten Erfolg für den Endspurt wünschen. Wir sind ganz besonders stolz darauf, dass Sie diesen Erfolg für sich selbst und für Liechtenstein in den Vereinigten Staaten erbringen. Good luck and best wishes for tomorrow ...

Liechtenstein Mission to the UN in New York

Diese offiziellen E-Mails tun mir gut, bringen mir die Anerkennung meiner Leistung, entschädigen mich für den jahrelangen Spott, dem ich ausgesetzt war. Aber genauso freuen mich die unzähligen E-Mails, die von Freunden und Fremden kommen. Franz Rutz schreibt mir: »Deine innere Natur weiss, warum du es tust, auch wenn es dir im Moment wahrscheinlich nicht so klar bewusst ist. Etwas treibt dich an, was uns Menschen alle antreibt ... Es gibt für diesen inneren, oft undefinierbaren Antrieb ein vielsagendes Wort: Sehnsucht. Sehnsucht ist dieses Gefühl eines inneren Vakuums, das einen aufbrechen lässt, einen immer wieder vorwärts treibt, Neues angehen und erleben zu wollen. Wem erzähl ich das!«

2001 **Noch 100 Kilometer** – Jetzt ist es bald soweit. Das Ziel ist sehr nahe, die anderen Fahrer liegen weit zurück. Über 20 Stunden Vorsprung! Ich könnte lange schlafen. Oder durchpreschen. Wie wichtig ist mir die Endzeit? Acht Tage und 23 Stunden oder neun Tage und X Minuten? Was macht schon eine halbe Stunde Unterschied? Was bedeutet Zeit in einem Rennen wie diesem? Was bedeutet Zeit überhaupt für einen Menschen? Ich denke liebend gerne an jenen Zustand in der Schlussphase meines ersten RAAM zurück, in dem ich sechs Stunden lang völlig befreit von jeglichem Zeitempfinden in einem neuen Raum dahinfuhr. Das war mein mentaler Overkill. Das war für mich der Beweis, dass der schönste Zustand in der Zeitlosigkeit existiert. Schon paradox, dass ich an einem Radrennen teilnehme, in dem es nur darum geht, wer am schnellsten die USA vom Pazifik zum Atlantik durchquert.

Was werde ich als Erstes tun, wenn ich im Ziel bin? Was, wenn ich zuhause bin? Aber noch bin ich nicht zuhause. Noch bin ich nicht einmal im Ziel. Ich muss meine Gedanken disziplinieren. Sie schweifen zuviel ab. Ich muss erst diese fürchterlichen Hügel hier schaffen. Warum tut man uns Fahrern das an? Wir fahren fast 5000 Kilometer und müssen zum Schluss nochmals derartige Steigungen bewältigen. Dazu ist es nun tropisch schwül. Mücken umschwärmen mich, ein lautes Zirpen liegt in der Luft. Endlich meine letzte Abfahrt. Da höre ich ein lautes »Pfffffft«. Der Vorderreifen ist geplatzt. Der erste und einzige Defekt in diesem Rennen. Nicht auszudenken, wenn das in der Kurve passiert wäre! Absteigen. Pissen. An den *pace car* lehnen, während Wisi das Vorderrad wechselt.

»Clavi, Telefon!«
»Wer ist es?«
»Dein Sohn.«
»Ja, gib her.«
Andi schaltet das Telefon auf den Kopfhörer.
»Luca, wie geht es dir denn?«
»Papi, du bist der Grösste.
Du fährst sie alle in Grund und Boden.«
»Danke, Luca.«
»Warum schnaufst du so?«
»Ich bin wahnsinnig müde.«
»Aber du schaffst es, gell, Papi?«
»Klar, Luca. Grüss Mama. Ich kann jetzt nicht mehr reden.«
»Okay, Papa ... Papa?«
»Ja?«
»Ich hab' dich lieb!«

Die Worte von Luca im Kopf. Und im Herzen. Du schaffst es. Ja, ich schaffe es. Auch für ihn. Was kann ich ihm für die Zukunft mitgeben? Ich bin kein Vater wie andere. Ich gehe nicht morgens ins Büro. Dafür habe ich viel ›Hausfrauen-Zeit‹ für ihn. Wie gut, dass ich ihn habe. Wer weiss, ob ich noch mal ein Kind zeugen könnte. Werden die Verletzungen Folgen haben? Mein Penis ist auch bei diesem RAAM wieder taub geworden, ich weiss aus Erfahrung, dass er sich wieder erholen wird. Das hoffe ich wenigstens. Doch meine Füsse schmerzen, die Handgelenke, vom Hintern nicht zu reden. Halt, Clavi! Im Hier und Jetzt bleiben ... Nicht wieder den gleichen Fehler machen wie schon einmal.

Ein falscher Gedanke würde reichen, um die vorwärtstreibende Energie platzen zu lassen wie die Nadel einen Luftballon. Krisen werden durch Gedanken produziert. Schlagartig. Das darf jetzt nicht passieren. Nicht jetzt, so knapp vor dem Ziel. Obwohl ich mir ja eine lange Pause leisten könnte. Kann ich das wirklich? Nein, ich fahre weiter. Bald ist es geschafft.

Noch 40 Kilometer – Wir haben Florida erreicht. Polizei
2001 mit Blaulicht holt uns ab. Es ist nicht mehr weit. Aber ich kann nicht mehr. Ich muss schlafen. Angst vor dem Ziel? Oder arbeitet das Hirn nicht mehr richtig? Ich fühle mich wie alkoholisiert. Ein wahnsinniger Verkehr auf diesem Highway! Was ist, wenn ich die Kontrolle verliere, wenn ein Auto mich überholt und ich das Auto touchiere? Da nützt mir das Blaulicht der Polizeieskorte nichts. Ich brauche jetzt zehn Minuten Ruhe, damit sich mein Gehirn erholen kann. Ich möchte mit glasklarem Bewusstsein ins Ziel fahren. Es ist die einzige Schlafpause während des gesamten Rennens, nach der ich selbst verlange.

Ich lege mich in den *pace car* und schlafe 20 Minuten. Dann steige ich wieder auf mein Velo, fahre dicht am Strassenrand, ganz langsam, vor mir die Blaulichter, neben mir die Autos, aus denen mir Menschen zuwinken, etwas zurufen, wild hupen. Aus den Lautsprechern hinter mir dröhnt ABBA mit ›I have a dream‹. Wir sprechen kaum ein Wort, mein ›Urteam‹ im *pace car* und ich, aber wir heulen wie die Schlosshunde. Wir fahren über die grosse Brücke hinein nach Gulf Breeze, das Meer glitzert uns entgegen. Vor und hinter uns die Blaulichter der Eskorte. Und dann sehe ich es: das Ziel. Die Schweizer und die Liechtensteiner Fahnen werden mir hingehalten, ich schnappe sie mir, schwenke sie über meinem Kopf und fahre übers Zielband. Ich bin da, ich habe es geschafft. Ich habe gewonnen. Mit 21 Stunden Vorsprung! Wie betäubt steige ich ab, packe mein Rennrad und wuchte es in die Höhe. Ich habe noch unglaublich viel Kraft! Das Ergebnis des RAAM 2001:

1. Platz	Andrea Clavadetscher, Liechtenstein 9 Tage, 17 Minuten
2. Platz	Rob Kish, USA 9 Tage, 21 Stunden, 18 Minuten
3. Platz	Danny Chew, USA 10 Tage, 3 Stunden, 7 Minuten
4. Platz	Mark Patten, USA 10 Tage, 13 Stunden, 18 Minuten
5. Platz	Rainer Klaus, Deutschland 10 Tage, 14 Stunden, 14 Minuten
6. Platz	Wayne Greenway, USA 10 Tage, 19 Stunden, 8 Minuten

Sehen so Sieger aus? — Die Tage danach sind ernüchternd. Ich liege wie ein Schwerkranker im Bett. Meine Füsse versagen mir ihren Dienst, und ich kann nichts dagegen unternehmen, da ich mit ihnen bereits in Mountain View (Wyoming), einem Hochtal von rund 400 Kilometern Länge und einer Steigung von 1000 Höhenmetern, ein Agreement getroffen habe. Sie hatten wie Feuer gebrannt und ich sagte zu ihnen: »Hört zu, ihr könnt protestieren, soviel ihr wollt, ihr habt mich nach Gulf Breeze zu bringen. Wenn es erträglich wird, verspreche ich euch, dass ihr im Ziel alles zurückverlangen dürft. Ihr müsst mich dann eine Zeitlang nicht mehr (er)tragen.« 2001

Scheint so, als hätten sie mich beim Wort genommen. Ich kann kaum auftreten. Die Crew baut mir Krücken. Doch als Sieger will ich nicht damit herumlaufen. Da habe ich nun

SCOTT
USA

vier Jahre unglaublich hart für meinen Erfolg gekämpft und nun kann ich ihn nicht einmal geniessen. Meist liege ich im Hotelzimmer, umgeben von Nahrungsmitteln aller Art – Obst, Käse, Brot, Wurst, Bier, Fruchtsäfte, Wasser – ich döse, schlafe, gebe Interviews oder lasse mich von Martina massieren, die meinen Körper mit wunderbaren energetischen Meridianmassagen verwöhnt. Selbstverständlich hole ich die zwei nächsten RAAM–Finisher persönlich am Ziel ab, auch wenn ich mich dabei auf zwei meiner Crewmitglieder stützen muss. Nach mir, mit einem Rückstand von 21 Stunden, beendet der 45jährige Rob Kish das Rennen, das er bereits dreimal gewonnen und insgesamt 17 (!) Mal beendet hat. Als Dritter kommt der 38jährige Danny Chew ins Ziel, dreimaliger RAAM-Sieger und sechsmaliger RAAM-Finisher.

Ich kann gut nachfühlen was sie empfinden, als sie ankommen. In irgendeiner Art sehen RAAM-Finisher im Ziel alle gleich aus. Das Gesicht ist von totaler Erschöpfung gezeichnet, ohne jegliche Spannung, selbst die Schmerzen sind nicht ersichtlich. Es sind merkwürdigerweise schöne, abgeklärte Gesichter. Das RAAM ist der einzige Wettbewerb, den ich kenne, bei dem das Ankommen zum Verlust wird. Tagelang fahren wir in völlig wechselnden psychischen Zuständen durch die grandiosen Vereinigten Staaten und stellen fest, dass Amerikas grösster Schatz seine urwüchsigen Landschaften sind. Viele davon nehmen wir bewusst und in klarem Zustand wahr, andere berühren uns kaum, und wir sind zu müde, um uns mit ihnen auseinanderzusetzen. Das gesamte Team und ich waren wie in einer Rauschkugel unterwegs.

Ich erkenne schmerzlich, dass im Sport nach einem Formhoch eine Ruhephase kommen muss, dass der Körper Zeit braucht, um wieder in Form zu kommen. Auch der Geist muss sich regenerieren, ziellos durch die Tage gleiten und sich so erholen dürfen. Das ist nicht nur im Sport so. Das ganze Leben besteht aus Zyklen, mehr oder weniger langen. Daher ist auch das Gerede vom dauernden Aufwärtstrend in der Wirtschaft völliger Humbug. Auch dort muss es Phasen der Erholung geben, damit das Wachstum gesund bleibt.

Ich werde oft gefragt, warum ich mir so etwas wie das RAAM antue, bei dem es meistens nicht einmal eine Siegesprämie gibt. Prämien gibt es nur, wenn die Organisatoren einen Sponsor dafür finden, was bei diesem RAAM nicht der Fall war. Dieses Rennen ist das pure Gegenteil von einer Tour de Suisse oder Tour de France, in denen Business und Geld im Vordergrund stehen. Das RAAM ist wirklich eine rein sportliche Herausforderung. Es geht um Selbsterkenntnis und Grenzerfahrung, es geht um Werte wie Teamgeist, Freundschaft, Menschlichkeit, Zusammenhalt, Liebe, Fairness und Ehrlichkeit. Einer allein kann so ein Rennen nicht gewinnen, wie auch ein Embryo nicht ohne Plazenta wachsen kann, wie heute überhaupt je länger je mehr – um nochmals auf die Wirtschaft zurückzukommen – nur Teams eine Chance haben. Es geht um Durchhaltevermögen, um Motivation und Zielsetzung und Eigenverantwortung. Werte, die auch im Alltag und im Berufsleben wichtig sind. Dazu ein E-Mail aus Bern, stellvertretend für viele E-Mails, die ich zu diesem Thema bekommen habe.

In der Schweiz dreht sich im Moment alles um die Tour de Suisse und die jüngsten Dopingskandale am Giro ... Anschuldigungen, Verdächtigungen Intrigen ... Alle warten auf den nächsten Doping-Super-GAU im Radsport. Nur am Rande wird von einem verrückten Schweizer berichtet, der ausgezogen ist, um im dritten Anlauf das RAAM zu gewinnen. Ich bin mir sicher, dass, wenn du als erster Schweizer in Florida über die Ziellinie fährst, ein Ruck durch die Medienlandschaft gehen wird. Sie werden feststellen, dass nicht der Glaube an das richtige Dopingmittel einem Flügel verleiht, sondern der Glaube an seine eigenen Fähigkeiten ... sie werden feststellen, dass beim RAAM die wahren Helden der Landstrasse zu finden sind ..., und sie werden feststellen, dass sich unsere Radprofis wie Ullrich, Zülle oder Pantani, nie und nimmer einer solchen Herausforderung stellen würden.

Du bist der Botschafter für die neue Radsportgeneration in diesem Land, die sich wieder auf den wahren Spirit des Radsports besinnt ... die nichts mehr mit dem Dopingsumpf zu tun haben will. Das RAAM ist mehr als nur ein Sieg für dich ... es ist ein Sieg für die Jugend, ein Sieg für den Radsport.

Sven Allenbach, Telebärn

Going East – Eine Woche verbringen wir noch in Florida,
2001 in der ich vorwiegend im Bett liege. Wie gerne würde ich einmal in diesem Land mit meiner Familie Urlaub machen, um ihr die Schönheiten zu zeigen. Doch für mich und die Crew heisst es nun Abschied nehmen. Wir müssen nach Atlanta zum Flughafen. Aus Liechtenstein hat mir Andy Wenzel ein Upgrading in die Business-Class organisiert, da ich immer noch nicht richtig sitzen kann. Mein Team organisiert mir auch einen Rollstuhl, was mir zunächst so peinlich ist, wie der Sattelüberzug für meinen wunden Hintern. Andererseits aber kann ich in meinem Zustand nicht stundenlang stehen, was auf den Flughäfen beim Warten schnell der Fall ist. So sitze ich inmitten unserer riesigen Gepäckstücke wie ein behinderter Hüter der Schätze. Alles ist bestens verpackt, mein Rad demontiert und in Schwarz gehüllt. Ich beobachte die Hektik, die vielen Menschen, die vielen unterschiedlichen Gesichter und ich spüre, dass ich Welten von alledem entfernt bin. In Gedanken bin ich noch immer auf dem Velo unterwegs, erlebe die Tage und Nächte im Sattel noch einmal, kann und will mich noch nicht davon lösen. Ich fühle mich verloren in diesem fahrigen, nervösen Menschengetümmel. Das ist nicht meine Welt. Ich lebe irgendwo dazwischen, in Räumen, in denen Minuten, Stunden und Tage zerfliessen, in der Losgelöstheit von der Zeit; in der Schwerelosigkeit von Körper und Geist, die sich so wunderbar anfühlt, dass ich sie immer wieder erleben möchte.

Briefe und Daten

Cardiopulmonal: Bezüglich Herz und Lunge.
Lactat-Schwelle: Lactat ist Michsäure. Diese bildet sich, wenn nicht genügend Sauerstoff vorhanden ist um Zucker so zu verbrennen, dass nebst der gewonnenen Energie nur noch Wasser und Kohlendioxid entsteht. Sowohl Wasser wie auch Kohlendioxid kann der Körper problemlos ausscheiden. Die Milchsäure ist also ein Abfallprodukt, das sich mit zuneh-

Lieber Clavi,

Es ist mir eine Ehre als dein Freund und ›Dökterle‹ in deinem Buch ein paar Zeilen schreiben zu dürfen, auch wenn man die Faszination und die Problematik des Extremausdauersportes nur sehr schwer in Worte fassen kann.

Als Erstes wird die Leserschaft wohl interessieren, welche sportmedizinischen Tricks ein RAAM und besonders einen Sieg mit 21 Stunden Vorsprung überhaupt erst ermöglichen. Es gibt keine Tricks. Zu den Hauptproblemen gehören sicher die Ernährung und der Schlaf, doch gibt es viele hundert andere wichtige Dinge, und schlussendlich kann jedes kleinste Detail bei fehlen oder nicht funktionieren match-entscheidend sein. Ganz viele Menschen haben sich in gesamthaft Hunderten von Stunden um diese Einzelaspekte gekümmert und sich damit für das Gelingen deines Traumes verdient gemacht. Allen gebührt auch von meiner Seite ein riesengrosses Dankeschön. Aus meiner Sicht waren drei Dinge für deinen Erfolg von grösster Wichtigkeit:

Der erste Schlüssel und das wohl Wichtigste ist dein jahrzehntelanges, stetiges, fast tägliches, konsequentes Ausdauertraining mit wenig Intensität. Dadurch hast du dir eine cardiopulmonale Ausdauerleistungsfähigkeit antrainiert, die seinesgleichen sucht. Eine 2mmol Lactatschwelle bei einer Fahrradergometerleistung von mehr als 300 Watt bildet die Grundlage deines Erfolges. Auch der mental stärkste Mensch eignet sich nicht fürs RAAM, wenn ihm diese Grundausdauer fehlt. Insofern hat das RAAM auch absolut nichts mit „Spinnerei" zu tun; denn es ist nie und nimmer so, dass, wie viele Menschen behaupten, sich 90% im Kopf entscheidet. So wichtig ein starker Kopf bezüglich Disziplin, Konzentration, Kampf Mann gegen Mann auch sein mag, er kann eine mangelnde Herzkreislauf-

mender Intensität der Leistung im Körper festsetzt und das erst über mehrere Stunden bis Tage wieder abgebaut werden kann. Der Uebergang von einer ›sauberen‹ Verbrennung (aerober Stoffwechsel) zu einer Verbrennung mit ›Abfall‹ (anaerober Stoffwechsel) liegt ungefähr bei 2mmol. Die Messung kann zum Beispiel im Blut der Fingerkapillaren gemacht werden.

leistung nicht kompensieren. Zu viele arme Sportler nörgeln heutzutage, ohne die bestmöglichen Grundlagen zu besitzen, ständig an ihrer Psyche herum und hoffen ewig mit Hilfe gleichwelcher esoterischer Krücken auf einen Exploit.

Auch du Clavi, hast nahezu täglich im mentalen Bereich gearbeitet, und mir scheint dies als ergänzende Massnahme auch eine absolute Notwendigkeit. Unter anderem musstest du lernen, dass ein RAAM ohne Leiden eine Utopie ist. Entscheidend ist, in welchem Ausmass man dieses Leiden auch als solches empfindet, und hierzu ist ein mentales Training unerlässlich. Wie Friedrich Schiller in seinem Text ›Über das Erhabene‹ geschrieben hat, gibt es nur einen Weg, sich vom Leiden zu befreien. Man muss es dem Begriff nach abschaffen, oder mit anderen Worten: Leiden gehört zum Leben ganz einfach dazu, es ist eine Selbstverständlichkeit, und alle Menschen, die sich vehement mit Aufputschmitteln, Heroin oder sonst wie dagegen zu wehren versuchen, führen einen aussichtslosen Kampf. Selbstverständlich ist sowohl im Leben wie im Sport irgendwo die Grenze erreicht, wo es ganz einfach kein weiteres Leid mehr erträgt. Wir sind im RAAM oft an diese und andere Grenzen gestossen und wir haben wiederholt gesehen, dass man diese Grenzen bewegen kann. Für mich als Arzt, sei es nun in der Rehabilitationsklinik oder bei der Betreuung von Sportlern, ist dies mitunter eine der schwierigsten Aufgaben: Wie lange darf ich durch Motivationsarbeit deine Selbstheilungskräfte aktivieren und obgenannte Grenze verschieben und wann brauchst du definitiv meine medizinische Hilfe? Eine Überbetreuung macht dich noch kränker und leidender und senkt deine Leistungsfähigkeit; eine Unterbetreuung kann zu chronischen Schäden führen oder gar lebensgefährlich werden. Aus Gesagtem gehen zwei Dinge hervor: Wer im Extremausdauersport Doping einsetzt und obgenannte Grenzen damit verschiebt, handelt absolut verantwortungslos und kriminell und gehört eingesperrt. Zudem sieht man, dass es im Extremsport von grossem Vorteil ist, das übliche Mass an Vertrauen einer Arzt-Patient-Beziehung zu erweitern. Eine tiefe, feste Freundschaft mit nahezu grenzenlosem Vertrauen hilft im Grenzbereich, Fehler zu vermeiden. Damit die grosse Verantwortung nicht unerträglich wird, scheint mir im Extremsport ein weiterer Gedanke von grosser Wichtigkeit: Sowohl der Athlet, seine Angehörigen wie auch seine Betreuer müssen sich vom Gedanken lösen, alles selber bestimmen zu können. Es braucht den Glauben an eine Kraft, welche das Schicksal eines Menschen mitbestimmt. Ohne diesen Glauben darf kein Bergsteiger mehr zum Gipfel, und kein RAAM-Fahrer mehr auf sein Rennrad steigen wollen. Ein Restrisiko ist immer vorhanden. An dieser Stelle kann ich auch gleich die Dauerfrage bezüglich Gesundheit zu beantworten versuchen: Durch dein stetiges und wenig intensives Training hast du Clavi ein markant vermindertes Risiko an einer koronaren Herzkrankheit, Zuckerkrankheit, Osteoporose, Dickdarmkrebs, Depression oder anderen Zivilisationskrankheiten zu erkranken. Dass dies auch mit viel weniger Trainingsaufwand (täglich 30 Minuten) möglich wäre, sei hier nicht verschwiegen. Ist es bei so vielen Vorteilen nicht gerechtfertigt, während der Trainingszeit ein erhöhtes Unfall- und Verletzungsrisiko in Kauf zu nehmen? Dazu kommen mögliche Abnützungserscheinungen des Bewegungsapparates sowie das Problem der peripheren Nervenschädigungen auf Grund des permanenten Druckes des Sattels, des Lenkers sowie der Pedale. Dieses Problem ist ernst zu nehmen, auch wenn sich das Gewebe meist innerhalb von Wochen wieder vollständig erholt, sonst hätte ein

Rob Kish das RAAM nicht bereits zum 18. Mal beenden können. Verbesserungen sind hier vorab auf dem Materialsektor möglich. Ob das RAAM nun also gesund oder ungesund ist, lässt sich einfach beantworten: Für 99,99 % der Menschen ist es nicht nur sehr ungesund, sondern unmöglich, dieses RAAM zu fahren. Deshalb zu behaupten, es sei für alle ungesund, ist falsch.

So komme ich nun zum zweiten Schlüssel des Erfolges: Es ist dies die Erfahrung. Ohne Erfahrung kann man das RAAM nicht gewinnen. Von den Erfahrungen anderer Teams zu profitieren, ist das eine, die Bereitschaft, Fehler zu machen und aus diesen zu lernen, das andere. Beides ist notwendig und Letzteres braucht sehr viel Geduld und Zuversicht sowie ein Umfeld, das Fehler zulässt. Wir haben Schulter an Schulter dafür gekämpft und schlussendlich Clavi, war es deine Beharrlichkeit und dein unermüdlicher Einsatz, die dir eine dritte Teilnahme am RAAM und somit die Verwirklichung deines Traumes – trotz zweimaligem Misserfolg – ermöglicht haben. Heute sind unsere Erfahrungen nahezu unbezahlbar. »Wer nicht gelernt hat zu verlieren, der kann auch nicht gewinnen.« Diesbezüglich, Clavi, bist du sowohl in der Sportwelt wie überhaupt in bester Gesellschaft und kannst vielen Menschen in der Krise ein Vorbild sein. Die Message, sofern das Ziel realistisch ist, ist einfach: *Never give up!* Nie in deinem Leben warst du so enttäuscht und deprimiert wie damals, als du nach dem zweiten RAAM anstatt als Sieger nur als Vierter die Ziellinie überquertest. Für mich ist klar: Es gibt keine Garantie für den Erfolg und insofern ist der Erfolg auch nicht planbar. Ein Spiel kann man nicht gewinnen, man kann es nur spielen. Jeder Einzelsportler, jede Mannschaft, jedes Team, jedes Teammitglied und jeder Mensch soll sich nicht Gedanken über einen möglichen Sieg machen, als sich viel mehr zu 100 % auf die Dinge konzentrieren, welche man selbst beeinflussen kann. Besteht Fairplay, gehört der Gegner nicht zu diesen Dingen d.h. es ist immer denkbar, trotz guter Leistung geschlagen zu werden. Viele Sportfunktionäre scheinen das nicht zu verstehen: Respektiert man den Gegner, und davon lebt unsere Sportkultur, so kann man von niemandem einen Sieg verlangen. Verlangt werden kann nur gute Arbeit, und folgt daraus ein Sieg, so ist das bloss ein Geschenk.

Dies führt mich zum dritten Schlüssel unseres Erfolges: Im Rahmen dessen, dass wir aus Fehlern schnell gelernt haben und so viele positive Erfahrungen sammeln konnten, wurde vor allem die Teamarbeit bis zur dritten Teilnahme maximal verbessert: Schlussendlich hatte jedes Teammitglied begriffen, dass es ›nur‹ dazu da war, dir Clavi ein möglichst optimales Umfeld zu schaffen, und es hierbei keinerlei Platz für gleichwelche persönlichen Interessen gab. Es war für mich als Teamchef eine der schönsten Erfahrungen meines Lebens zu sehen, wie neun, teilweise ausgeprägte Individualisten, zielorientiert zu einem Team verschmolzen. Wer im Militär gelernt hat, mit Individualisten sei Teamwork nicht möglich, der hat falsch gelernt. Jedes Teammitglied hatte seine Spezialaufgaben, denn mit 11 Stürmern ist kein Match zu gewinnen. Alle hatten auch sehr viel Verantwortung, und genau so wie du Clavi, haben auch wir uns nur mehr auf das konzentriert was wir selbst beeinflussen konnten. Zudem zeigten alle bis zur Ziellinie volle Konzentration und da warst du plötzlich mit 21 Stunden Vorsprung Sieger des Race Accross America 2001.

Dein Traum war Wirklichkeit geworden und die aufmunternden Worte, die du von mir auf einer 200 Kilometer langen Geraden durch Oklahoma gehört hast: »Vielleicht hat der liebe Gott die Wüste nur erfunden, damit sich der Mensch an der Oase erfreuen kann.« Diese Worte von Paulo Coelho standen plötzlich in einem ganz anderen Licht. Die Oase war erreicht. Nun stellte sich die Frage, wie lange du als Extremsportler in dieser Oase bleiben wolltest. Nachdem alle Wunden des RAAMs verheilt waren, hast du dich entschieden, die Wüste erneut zu besuchen. Das geniale Ereignis des *Seven Day Swiss Power Single Gigathlon* war für dich dann leider eine Enttäuschung. Keiner der drei Schlüssel des RAAM hat gepasst: Fürs Schwimmen fehlten die Grundlagen, allen Beteiligten fehlte die Erfahrung und das Teamwork hat auch nicht funktioniert. Was blieb, war die Erkenntnis, dass alles Gelernte immer wieder von neuem gelebt werden muss.

Zum Schluss noch eine Bemerkung zur derzeitigen Popularität des Extremausdauersportes! Erich Fromm sagt: »Freude ist das Ergebnis intensiven Lebens.« Wird der Wohlstand zu gross, fehlt je länger je mehr der Genuss. Clavi, du bezeichnest dich in vielen Interviews immer wieder als ›Genussmensch‹. Warum wohl? Mitunter wahrscheinlich deshalb, weil nach ein paar Stunden Velofahren selbst ein Schluck Wasser bereits ein Hochgenuss sein kann. Wie heisst es doch so schön: »Wer weiss zu leben? Wer zu leiden weiss. Wer zu geniessen? Wer zu meiden weiss.«

Lieber Clavi! Wiederholt durfte ich das intensive Leben mit dir teilen. Extremsport im Ausmass des RAAMs bietet die Plattform zu intensivsten Gefühlen. Wir haben viel gelacht und viel geweint, haben gelitten und gestritten, waren abgrundtief verzweifelt und himmelhoch jauchzend. So entstand eine tiefe, schöne und produktive Freundschaft, und – ob Wüste oder Oase – ich freue mich, dir wieder und wieder ein guter Freund zu sein.

Christian

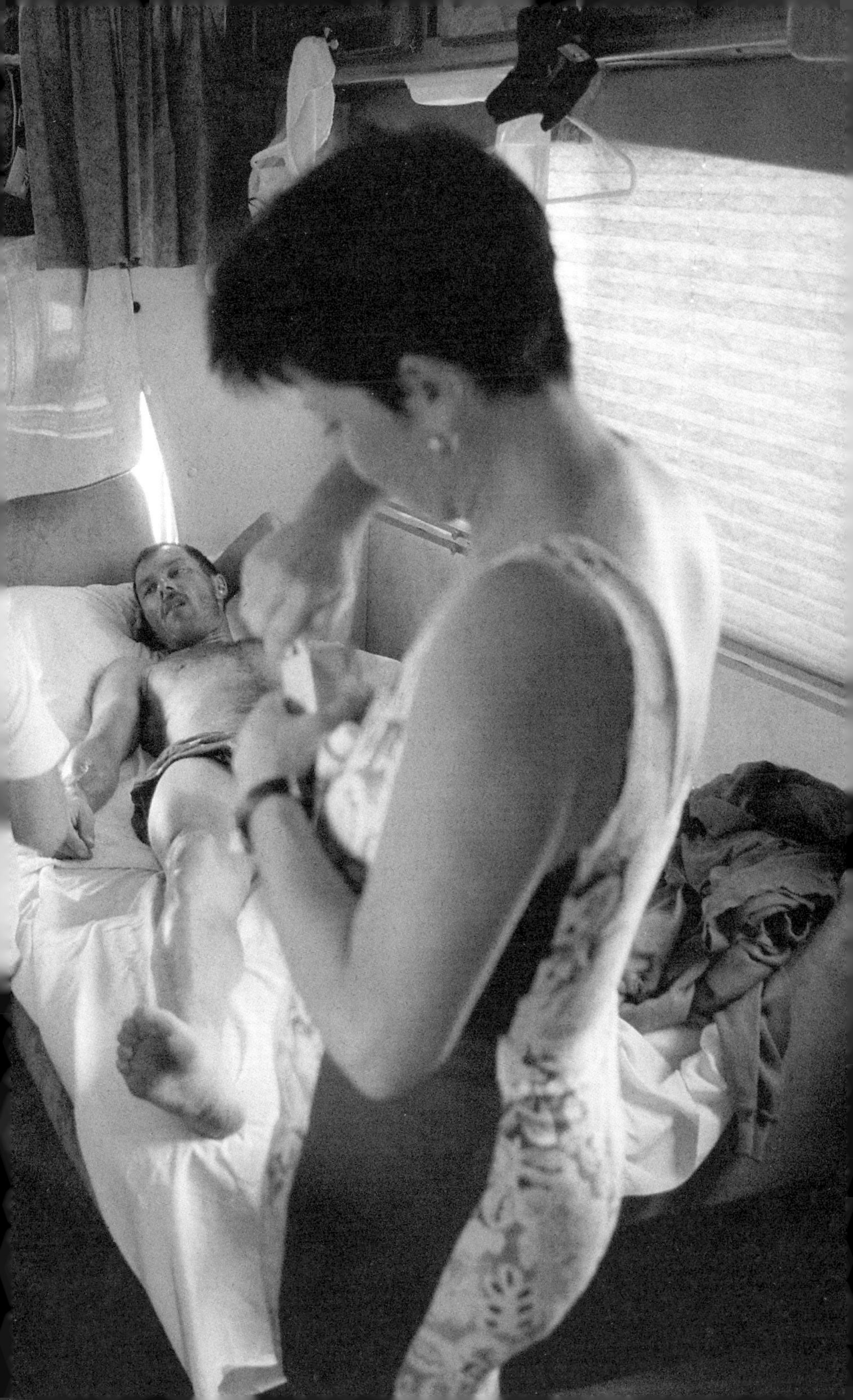

Die Streckenlänge beim RAAM ist im wesentlichen gleichbleibend, die Routenführung hingegen sehr unterschiedlich. Diese ist entscheidend für die Umweltbedingungen. Südlich geführte Routen sind heisser und trockener, nördlich geführte koupierter und mit extremeren Klimaschwankungen.

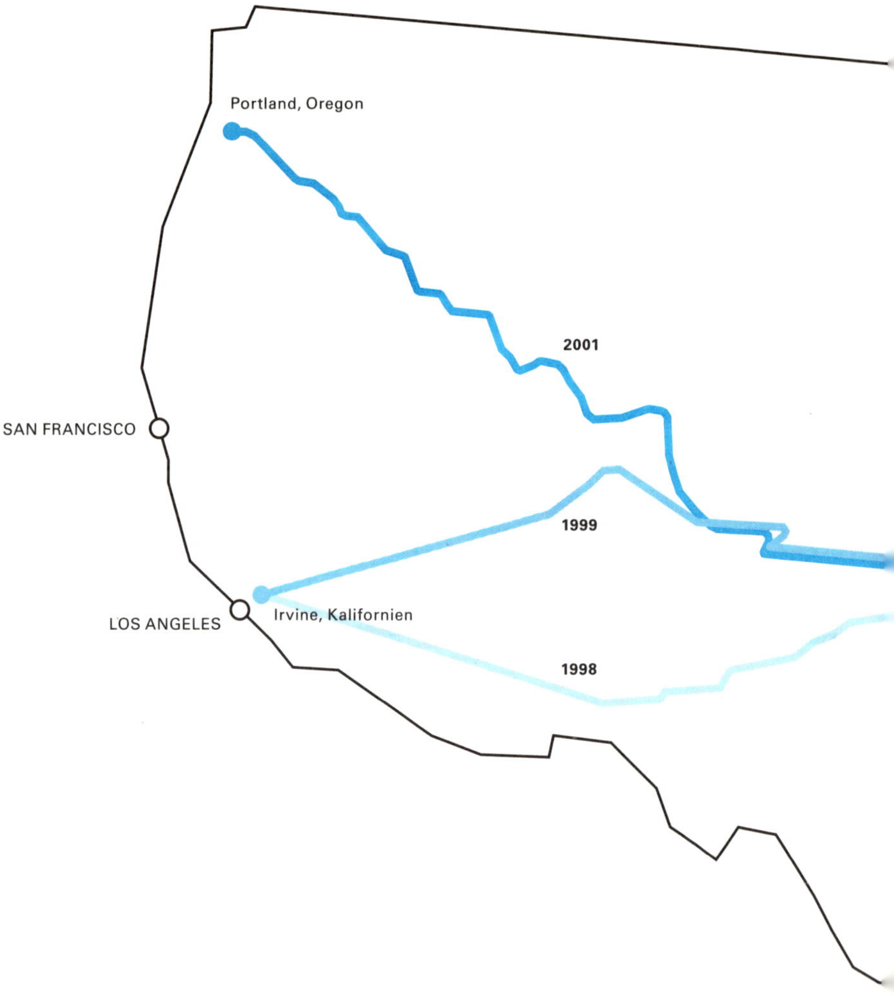

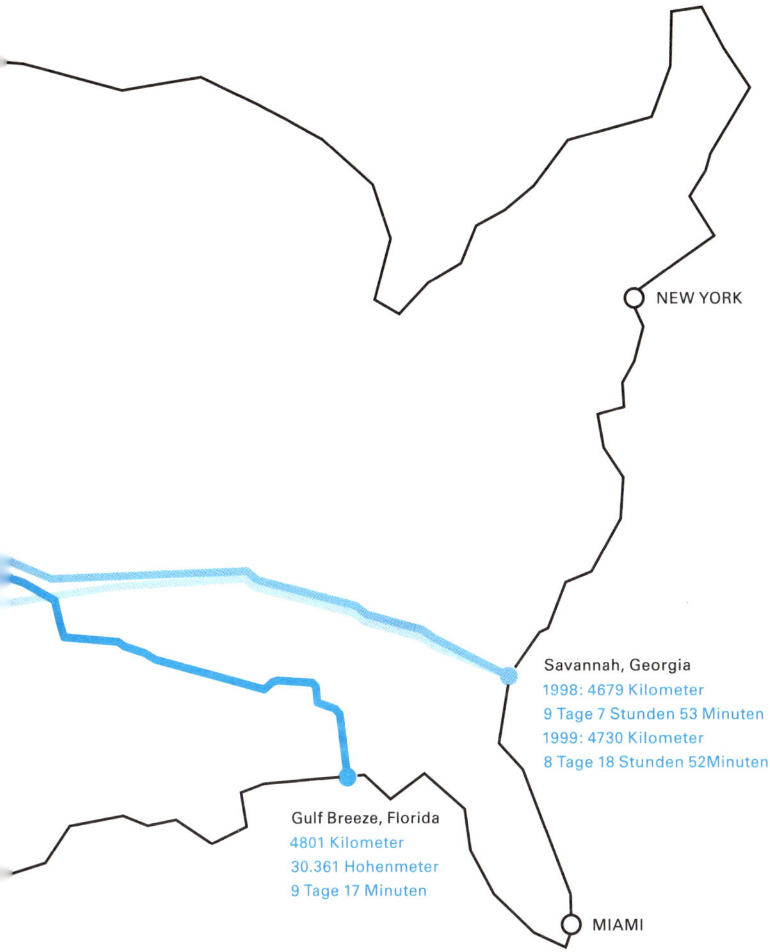
NEW YORK
Savannah, Georgia
1998: 4679 Kilometer
9 Tage 7 Stunden 53 Minuten
1999: 4730 Kilometer
8 Tage 18 Stunden 52Minuten
Gulf Breeze, Florida
4801 Kilometer
30.361 Hohenmeter
9 Tage 17 Minuten
MIAMI

1998

Teammitglieder
Stefan Amann
Uli Anderwert
Erika Gerster
Christian Hoppe
Alois ›Wisi‹ Marxer
Franz Rutz
Michael Yankaus

Aufenthaltsdauer
21 Tage

Budget
80.000 Franken

Sponsoren
Abbott AG
Bike Works
Continental Reifen
M.A.P. Mediatationscenter
RiffRaff Sportswear
Scott Europe
Sponser Sportfood
Vitalife
Volksbank Vaduz
W'ams active wear

1999

Teammitglieder
Olivier Born
Andi Bösch
Hannes Clavadetscher
Martin Gerber
Christian Hoppe
Uli Jülich
Alois ›Wisi‹ Marxer
Toni Ritter

Aufenthaltsdauer
23 Tage

Budget
50.000 Franken

Sponsoren
Abbott AG
Bemer 3000
Cuore Sportswear
Marvo AG
Scott Europe
Sponser Sportfood
Volksbank Vaduz

2001

Teammitglieder
Andi Bösch
Evert Brökstra
Jeannette Collenberg
Verena Cortez
Anita Grüneis
Christian Hoppe
Robert Kathan
Roland Korner
Alois ›Wisi‹ Marxer
Stephan Schütz
Martina Verdun
Axel Wachter

Mangement
Network of Sports
Andy Wenzel
Anja Wenzel
Helga Hagen

Aufenthaltsdauer
31 Tage

Budget
150.000 Franken

Sponsoren
Abbott AG
Bemer 3000
Continental Reifen
Cuore Sportswear
Federer Augenoptik
Malbuner
Marvo AG
ICS Management GmbH
PHONAK hearing systems
RhinoCare Nasendusche
Scott Europe
SPA Consulting&Design
Sponser Sportfood
Treff Musikladen

Andrea Clavadetscher
Anita Grüneis

Lust auf Leistung

ISBN 3-9064-7320-1

Lektorat: Käthe Hermle, Caroline Doka, Dodo Büchel
Gestaltung: www.studiopopular.com (A)
Fotos: Michael Yankaus, Iowa (USA)
Druck: Těšínská tiskárna,Český Těšín (CZ)

In der Edition 13 ist der Bildband ›Der Mutmacher‹
unter der ISBN 3-9522637-0-2 erschienen.
Edition 13 , Messinastrasse 13, FL-9495 Triesen,
E-Mail edition@sele.lol.li

Mehr zu Andrea Clavadetscher finden Sie unter www.clavi.ch